国家空间治理与行政区划研究丛书｜孙斌栋主编

国家空间治理与行政区划 3：区域一体化

孙斌栋　张婷麟　张维阳　等著

东南大学出版社
·南京·

内容提要

全书分为八章,延续丛书专题研究系列的主题,研究当前中国空间治理与行政区划实践的热点问题和学术前沿问题。继第一分册侧重于不同空间尺度的空间治理与行政区划优化,第二分册强调对中心城市不同类型的行政区划问题的解决,本册则聚焦于从政府作用和行政区划优化两个维度探索区域一体化规律。在政府作用方面,随着我国市场经济体制不断健全,行政区经济尤其是地方政府行为出现新的特征和新的动机;都市圈的协同治理和跨区域重大基础设施建设需要发挥政府积极作用,同时需要有为政府与有效市场相互结合;干部异地调任对于区域一体化具有显著影响。在行政区划优化方面,突破行政区划壁垒造成的区域一体化障碍,需要追根溯源,厘清行政区划概念谱系、本质特征以及行政区划的起源与形成;在行政区与功能区协同发展方面,浦东新区的实践提供了具有启发价值的案例;在促进区域一体化过程中,突破省界毗邻政区的行政边界壁垒、促进人才自由流动都值得特别关注。

本书可供国土空间规划、行政区划、人文地理、公共管理、政治学、区域经济学等领域的学者与实践工作者参考。

图书在版编目(CIP)数据

国家空间治理与行政区划. 3,区域一体化 / 孙斌栋等著. -- 南京:东南大学出版社,2024.12. -- (国家空间治理与行政区划研究丛书 / 孙斌栋主编). -- ISBN 978-7-5766-1700-9

Ⅰ. F129.9;K928.2

中国国家版本馆 CIP 数据核字第 2024U7V343 号

责任编辑:孙惠玉　李倩　　责任校对:张万莹　　封面设计:孙斌栋　王玥　　责任印制:周荣虎

国家空间治理与行政区划 3:区域一体化
Guojia Kongjian Zhili Yu Xingzheng Quhua 3: Quyu Yitihua

著　　者:孙斌栋　张婷麟　张维阳　等
出版发行:东南大学出版社
出 版 人:白云飞
社　　址:南京市四牌楼 2 号　邮编:210096
网　　址:http://www.seupress.com
经　　销:全国各地新华书店
排　　版:南京布克文化发展有限公司
印　　刷:南京凯德印刷有限公司
开　　本:787 mm×1092 mm　1/16
印　　张:10.25
字　　数:250 千
版　　次:2024 年 12 月第 1 版
印　　次:2024 年 12 月第 1 次印刷
书　　号:ISBN 978-7-5766-1700-9
定　　价:59.00 元

本社图书若有印装质量问题,请直接与营销部调换。电话(传真):025-83791830

本书编委会

主　任：孙斌栋

副主任：张婷麟　张维阳

成　员（以姓氏拼音排序）：

陈占彪　崔　璨　何　丹　胡　德　匡贞胜

孙斌栋　王列辉　张婷麟　张维阳

总序

随着中国国家实力的不断增强,如何构建适合的国家治理体系已经被提到日程上来,党的十九届四中全会提出了推进国家治理体系和治理能力现代化的要求。空间治理是国家发展和治理的重要组成部分,这源于空间在国家发展中的基础性地位。空间是国民经济发展的平台,所有的社会经济活动都是在空间平台上开展的。空间更是塑造竞争力的来源,空间组织直接决定资源配置的效率,影响经济增长和就业等重大国民经济任务,决定一个国家和民族的发展后劲和竞争力,对于疆域辽阔的大国尤其如此。当前阶段中国正处于由经济大国迈向经济强国的关键时期,也正处于百年未有之大变局的关键时刻。突如其来的新型冠状病毒感染正在波及全球,全球经济体系面临严重危机,中国提出通过形成以国内大循环为主体、国内国际双循环相互促进的新发展格局来应对,客观上也迫切需要相应的生产力空间布局来支撑。城市群是中国新型城镇化的主要空间载体,中心城市是支撑中国国民经济持续发展的增长极,如何通过合理的空间组织和高效的空间治理来增强城市群和中心城市的综合承载力,发挥对国家发展的引领与带动作用,是当前面临的重要任务。

空间的复杂性决定了空间科学研究的滞后性,空间规律有大量的学术空白有待填补,空间研究也因此被经济学主流学者认为是经济学最后的前沿。集聚与分散是最基本的空间维度,探索空间集聚与分散的规律是攻克空间前沿难题的必经之路。集聚不经济的存在使得城市与区域空间从单中心空间结构向多中心空间结构转型。集聚中有分散,分散中有集聚。集聚促进经济增长的重要作用得到了广泛的认可,但对于集聚的空间结构,包括其形成机制和作用,我们还知之甚少。哪种空间组织更有利于高质量的发展以及如何推动合理的空间结构的形成需要严谨、规范的科学研究来支撑。

除了市场规律之外,行政区划是影响中国空间组织的一个特殊且不可忽视的要素。行政区划是国家权力在空间的投影,也是国家治理体系建设的空间基础。中国改革开放以来的经济繁荣源于地方经济发展的积极性,但由此而形成的"行政区经济"也束缚了一体化和市场化,制约了效率的进一步提高。当前推进区域一体化和地区协同发展的瓶颈就在于此。党中央高度重视行政区划优化问题,《中共中央关于制定国民经济和社会发展第十四个五年规划和二〇三五年远景目标的建议》提出"要优化行政区划设置,发挥中心城市和城市群带动作用"。优化行政区划,助力于提升国家治理能力与加强治理体系的现代化建设,正成为理论界和政策界都关注的热点问题。

当代中国行政区划的研究起始于 20 世纪 90 年代。1989 年 12 月 5—7 日,由民政部主持、在江苏省昆山市召开的首届"中国行政区划学术研讨会暨中国行政区划研究会成立大会"是重要标志。1990 年 5 月,经民政部批准在华东师范大学成立中国行政区划研究中心。在中心创始主任刘君德先生的带领下,中国行政区划研究中心从理论创新到实践开拓、从人才培养到学科建设,均硕果累累,为推进中国行政区划事业改革做出了积极贡献。在理论研究方面,中国行政区划研究中心原创性地提出了"行政区经济理论""行政区—社区"思想等理论体系。在服务地方方面,中国行政区划研究中心主持了江苏、上海、海南、广东等地的几十项行政区划研究课题,做到了将研究成果应用到祖国大地上。在人才培养方面,中国行政区划研究中心培养的很多青年人才已经成长为行政区划研究领域的知名学者或政府领导。进入21世纪以来,中国行政区划研究中心的年轻一代学者不负众望,也正在取得骄人的成绩。中国行政区划研究中心相继承担了国家社会科学基金重大项目、国家自然科学基金项目、民政部关于中心城市内部行政区划调整和省会城市行政区划设置研究等科研攻关任务,以及大连市、伊春市等地方行政区划规划课题;研究成果获得了高等学校科学研究优秀成果奖、上海市决策咨询研究成果奖、上海市哲学社会科学优秀成果奖等一系列荣誉,并得到了中央和地方领导的批示和肯定;举办了一年一度的国家空间治理与行政区划全国性学术研讨会,开启了对地方政府行政区划管理人员的培训。中国行政区划研究中心作为中国"政区地理学"的主要科研阵地之一,得到了国内外同行的广泛认可。

作为国家空间治理的重要智库,民政部政策理论研究基地——华东师范大学中国行政区划研究中心有责任有使命做好新形势下空间治理和行政区划研究工作,在大变局中有更大作为。其中,理论研究是重中之重,是政策研究和智库工作的基础,是服务国家战略的立身之本。本丛书站在学术最前沿,贯穿空间组织和行政区划两条主线,以构建空间结构理论和发展、弘扬行政区经济理论为己任。在空间组织方面,从全国、区域、城市、社区不同空间尺度分析空间结构的格局和演化,从经济、社会、生态多个维度测度空间结构的绩效,从市场和政府不同机制角度探索空间组织规律;在行政区划方面,从地理学、政治学、经济学、公共管理学、历史学等多个视角透视行政区经济的本质,从行政区经济正反两个方面的效应综合评价行政区划的作用,立足经济建设、政治建设、文化建设、社会建设、生态文明建设"五位一体"来探讨行政区划的运行规律。本丛书不仅要打造空间组织科学和行政区划科学的学术精品,而且要从空间维度为国家治理提供学术支撑和政策参考。

是为序。

孙斌栋
华东师范大学中国行政区划研究中心主任
2021年7月31日于上海

前言

区域一体化是指在统一大市场的框架下,要素自由流动,商品互通有无,地区间专业化分工协作,实现共同发展,呈现共同繁荣。在中国国情下,区域一体化是打破行政区经济、降低交易成本、实现区域高质量发展的关键。京津冀协同发展、长三角一体化发展、粤港澳大湾区建设是我国区域一体化发展的战略实践。为了推进新发展格局下的跨界跨政区合作及区域一体化协调发展,加快形成以国内大循环为主体、国内国际双循环相互促进的新发展格局,本书从发挥政府作用和行政区划资源优化利用两个维度,探索区域一体化发展规律。

地方政府对于经济发展的强干预形成了我国"行政区经济"的特色,近年来伴随市场体制的完善,地方政府行为发生了一些变化,但"行政区经济"的运行逻辑依然难以彻底转变,跨域经济一体化需要重视政治动员过程中的激励相容问题,因地制宜地为行政权的横向让渡创造条件,精准支持跨界经济组织的市场化运作,推动政府职能由经济发展转向公共服务(第1章)。都市圈是我国当前新型城镇化的重要空间形态,但存在规划范围过大和协调困难的不足,交通、产业、空间、公共服务、环境的一体化发展都存在不小挑战,协同治理机制建设是都市圈健康发展的关键(第2章)。干部异地调任为地方政府之间提供了更直接有效的信息沟通路径,有利于提升两地政府之间的信任程度,为城市间在不同领域、不同形式上的合作提供了可能(第3章)。跨区域重大基础设施的一体化建设需要有效市场和有为政府的有机结合,一方面依赖更高层级政府的协调和政府制定游戏规则,另一方面也需要在具体实施过程中发挥市场力量(第4章)。

行政区划资源的优化利用有助于扫除区域一体化的障碍。认清行政区划的本质离不开行政区划基本理论研究,厘清行政区划概念谱系、本质特征以及行政区划的起源与形成,有助于为进一步拓展行政区划的思想资源确立逻辑起点和理论坐标(第5章)。行政区与功能区协同发展是区域一体化的重要方面,浦东新区开发开放进程中的功能区发展与迭代创新,提供了行政区与功能区协同治理模式及经验(第6章)。行政区经济导致省界毗邻政区往往成为发展"洼地",通过对省界毗邻政区增权赋能,加强省界毗邻政区间的开放与互动,对破除边界效应、衔接都市圈联动发展和促进区域一体化具有重要意义(第7章)。人才要素的自由流动是区域一体化的重要表现,人才的区域一体化协调机制构建,需要综合分析人力资本的空间聚集特性和区域间的互动关系,适应不同地区人才培养的特点和环境(第8章)。

本书坚持以解决问题为导向,以跨学科研究为范式,以科学研究作为决策基础,通过有组织的科研推进对区域一体化空间治理与行政区划优化的知识积累。

本书由孙斌栋设计研究提纲、组织协调和统筹推进,各章执笔人如下:匡贞胜、孙斌栋(第1章),张婷麟、孙斌栋(第2章),张维阳、唐可欣(第3章),王列辉(第4章),陈占彪(第5章),胡德(第6章),何丹、杨希(第7章),崔璨、于程媛、陈南希(第8章)。

本书由国家社会科学基金重大项目"构建大中小城市协调发展格局研究"(23ZDA049)资助。

目录

总序
前言

1 地方政府在跨域经济协作中的新行为及其生成机制 …… 001
  1.1 区域经济一体化面临的新挑战 …… 001
  1.2 跨域经济协作中伪合作行为的影响因素 …… 004
  1.3 推动区域经济一体化的政策建议 …… 008

2 中国都市圈政府协同治理研究 …… 013
  2.1 都市圈概念与功能定位 …… 013
  2.2 我国当前都市圈协同问题 …… 016
  2.3 都市圈协同内容的国际经验 …… 020
  2.4 我国都市圈协同治理对策建议 …… 025

3 长三角城市群干部异地调任与府际合作 …… 028
  3.1 区域一体化背景下的干部异地调任与府际合作 …… 028
  3.2 干部异地调任和府际合作的潜在关联性 …… 029
  3.3 长三角城市群干部异地调任网络与府际合作网络 …… 030
  3.4 不同类别干部异地调任与府际合作的关联性 …… 032
  3.5 推动长三角一体化的政策举措 …… 036

4 政府与市场在跨区域重大基础设施建设中的作用:以洋山深水港为例 …… 040
  4.1 西方主流经济学中的政府与市场 …… 040
  4.2 中国政府与市场关系变革 …… 041
  4.3 洋山深水港南侧建设的论证过程、存在的分歧 …… 042
  4.4 小洋山北侧的开发 …… 053
  4.5 洋山深水港建设的启示 …… 056

5 中国"行政区划"概念谱系的观念史考察 …… 061
  5.1 引言:建构行政区划多学科概念框架的共同逻辑起点 …… 061
  5.2 行政区划:古今词义的现代转换 …… 062
  5.3 "行政区划"一词的起源与流变 …… 065
  5.4 "行政区划"的概念谱系与学科确立 …… 071

- 5.5 重新厘定：行政区划的起源、发展与形成 ………………… 075
- 5.6 启发：有关未来全球治理蓝图的思想设计 ……………… 079

6 行政区与功能区协同治理模式创新研究：以上海浦东新区为例 ………………………………………………………… 085
- 6.1 行政区与功能区协同发展与治理困境及争论 …………… 085
- 6.2 浦东新区开发开放历程与管治模式演进 ………………… 087
- 6.3 浦东新区功能区设置与管治模式分析 …………………… 091
- 6.4 浦东新区行政区与功能区协同关系与特征 ……………… 095
- 6.5 浦东新区行政区与功能区协同治理经验及启示 ………… 098
- 6.6 主要结论：行政区与功能区协同发展与治理模式创新 …… 101

7 省界毗邻政区的行政边界突破与协同发展：以长三角地区为例 ……………………………………………………………… 104
- 7.1 区域一体化视角下省界毗邻政区协同发展困境 ………… 104
- 7.2 省界毗邻政区行政边界突破的经验思路 ………………… 105
- 7.3 省界毗邻政区范围划分与测度方法 ……………………… 108
- 7.4 长三角省界毗邻政区城市网络 …………………………… 109
- 7.5 省界毗邻政区突破边界的路径分析 ……………………… 113
- 7.6 赋能路径与组合路径助力省界毗邻政区联动 …………… 122

8 人才流动规律及其对区域一体化的启示 …………………… 130
- 8.1 区域协调发展背景下的人才困境 ………………………… 130
- 8.2 长三角区域人才的空间分布与流动 ……………………… 133
- 8.3 长三角区域人才政策制定现状与趋势 …………………… 141
- 8.4 人才协同与人才环流助力区域协调发展 ………………… 145

1 地方政府在跨域经济协作中的新行为及其生成机制

1.1 区域经济一体化面临的新挑战

当前区域经济一体化的环境逐步优化,"行政区经济"的负面效应日渐削弱,但跨域经济协作囿于错综复杂的结构性与能动性因素,仍面临着新的问题与挑战。

1.1.1 跨域经济协作的情境变迁

经过 30 多年的发展,国内跨域经济协作的环境已发生较大变化,在很大程度上缓解了"行政区经济"的负面效应,加速了区域经济一体化进程。然而,"行政区经济"的运行逻辑依然难以彻底转变,跨域经济协作依然受到多方掣肘。

(1)经济体系中的企业所有权结构出现较大变动,市场经济体系不断深化,引发地方政府行为逻辑转变。当前民营企业与外企已占有重要地位,并解决了大部分就业岗位问题。基于地区、所有制、行业、企业规模等条件形成的差异性纵向政府管理政策日渐弱化[1],市场经济体制的日渐完善助推民营企业成为极具活力的力量,改变了地方国有企业绝对的垄断地位,削弱了地方政府调控经济的能力,倒逼地方政府的城市企业主义行为从封闭的"地方政府企业化"走向开放的土地财政与外来投资吸引模式,从经营企业转向经营城市[2]。与此同时,市场经济体系不断完善也使地区间的经济联系日益密切,空间依赖性逐渐增强,牵一发而动全身,地方政府独立运作空间变小。在此背景下,地方政府逐渐减弱了对企业的直接经营以及对市场的直接干预,通过行政垄断调控地方经济与限制市场竞争的工具箱也日益减少,而是通过更加主动且熟练地利用市场机制达到政治目的[3]。例如,虽然跨域经济协作依然面临利益协调的结构性困境,但近年来跨界合作园区、飞地经济区等逐渐增多,区域经济一体化的总体趋势日渐增强。这些变化在一定程度上削弱了"行政区经济"现象,加速了政府职能转变,在客观上推动了跨区域协作,加速区域经济整合进程。

(2)中央对区域协调发展日渐重视,强化了对地方政府行为的调控能力。近年来,党和国家多次强调区域协调发展的重要性,指出要在发展中促进相对平衡,强调实现区域协调发展是贯彻新发展理念的重要内容。2022年3月,国务院政府工作报告提出"深入实施区域重大战略和区域协调发展战略"。随后《中共中央 国务院关于加快建设全国统一大市场的意见》发布,明确提出要打破地方保护和市场分割。可见,一方面,国家已深刻意识到区域协调发展的重大意义,试图不断破除行政壁垒,削弱市场分割现状,构建全国统一大市场和跨域协作治理体系,加快要素资源跨域流动,助力城市群与都市圈建设以及粤港澳大湾区建设、京津冀协同发展、长三角一体化发展、长江经济带发展等国家重大战略的落地。另一方面,中央调控地方政府行为的水平也在日渐提升。分税制改革后中央宏观调控的能力增强,中央财税收入占比从1993年的22%升至2020年的46%左右,能够运用转移支付、财政补贴、专项补贴等经济与财政手段影响地方政府的行为。同时中央积极打击市场歧视与地方保护,不提倡地方政府运用行政区划手段解决行政区经济问题,并鼓励通过多种方式开展跨域协作治理探索[4]。此外,为了确保国家政策在各个行政层级与空间尺度的权威性与统一性,国家各部委对各级政区的金融、税收、监管、土地等加强了垂直管理,弱化了相关职能部门与地方政府的关联。在市场经济逐步完善、中央纵向嵌入等因素的耦合下,横向府际竞争与合作并存,府际关系呈现出更加复杂交错的竞合情景[5]。

(3)交通通信技术的进步具有时空压缩效应,重塑了区域间经济关系。以互联网为核心的信息技术革命极大改变了商品市场,重塑了企业间的网络关系,缓解了市场中的信息不对称,降低了区域间的交易成本。各类电商平台的涌入与全国性物流网的日渐通畅增加了地方政府实施地方保护的难度,资源跨行政区的流动加速,大大削弱了"边界效应",致使市场分割从产品贸易转向资本、产业链与企业投资并购等方面[1]。同时,产业链的跨区域整合重构了城市间的功能关系,强化了城市网络格局,弱化了地方政府之间零和博弈的观念,加深了府际的相互依赖,在一定程度上限制了政府的干预空间,强化了协同发展与形成双赢的内在动力,引发了地方政府行为模式的转变。

1.1.2 "行政区经济"的新特征

近年来,经济、政治与社会体制转轨推动了跨域协作情境的变迁,并逐步缓解了"行政区经济"的负面效应,然而其并没有从根本上转变"行政区经济"的生成逻辑,只是呈现出一些新的特征。

1)隐蔽化与非正式化

市场经济体系中的民营企业存在冲破行政边界进行跨地域生产、销售与投资的内驱力,引发了经济活动范围与地方政府行政管理范围在空间上不一致的问题。同时,虽然市场经济逐步推动政府职能转向公共服务供给,但地方政府(尤其是国有企业占比较高的地区)却深度卷入市场经济活动,因形成自身利益而故步自封。为应对府际合作机制的虚化问题,中央政府以政治动员方式来改变约束激励机制,以构建跨域协作治理体系,但内嵌于压力型体制中的"行政区经济"可能引发地方政府理性人与代理人的角色冲突[6]。近年来,国家高度重视跨域协作治理体系建设,中央(上级)政府为了推动区域一体化,频繁以政治倡导、行政指令、国家战略等政治动员的形式把压力传递到下级政府。为了在规避中央对统一大市场要求的同时保障自身利益诉求,地方政府倾向于通过更隐蔽且非正式的地方保护和区域壁垒继续干预市场经济的正常秩序,将市场分割、地方保护、行政垄断等行为隐形化。政区间在招商引资、招才引智与基础设施建设等领域的恶性竞争依然频繁,国家战略的实施效果在无形之中很可能被削弱,严重损害了国家整体经济利益[7]。

2) 稳态化与内卷化

国土空间行政结构问题具有复杂性和长期性,行政区划矛盾仅为外在表征,体制机制障碍才是内在根本。当前经济体制改革的潜力已挖掘殆尽,政治体制改革进入深水区,改革的难度陡然增大,致使"行政区经济"呈现出相对稳态结构[8]。同时,改革开放以来地方政府倾向于运用行政区划调整手段(如撤县设区、撤市设区等)来缓解"行政区经济"的负面效应,热衷于通过扩大城市型政区的管辖范围来巩固自身利益,即通过政区调整把市场经济产生的收益在行政区经济的框架内转化,致使政区调整仍是地方政府实现自身短期利益诉求的一个政策工具。不过,当前这一工具的边际效应在逐步下降,虽然政区调整可以在短期缓解"行政区经济"问题,但却很难走出"行政区经济—区划调整—行政区经济"的循环怪圈,从而引发政区改革的内卷化隐忧[9]。

3) 模糊化与复杂化

近年来,国土空间行政结构愈加复杂。一方面,行政区与功能区(高新区、经济开发区、城市发展新区、国家级新区等)在空间上相互交叉,在行政层级与功能上彼此交织,逐渐形成"模糊行政"结构[10]。另一方面,中央垂直管理部门与地方政府在多轮博弈过程中形成了错综复杂的科层组织结构条块关系,以"行政区经济"为主导的行政分割与部门分割、上下级分割、技术分割等问题交织叠加,从而使得"行政区经济"的负面效应并不局限于经济领域,更波及政治、社会与文化等为经济发展提供支撑的领域,局面相对以前更为纷繁复杂[11]。

1.1.3 跨域经济协作面临的问题

近年来,跨域经济协作稳步推进但依然存在困境。一方面,市场经济体制的逐步改善为跨域经济协作提供了较好的宏观环境;另一方面,新时期"行政区经济"运行逻辑的路径依赖导致利益共同体构建困境。虽然中央政府倡导地方政府协同发展并颁布了一系列支持政策,但近年来政区间在产业招商、基础设施建设等领域的恶性竞争依然频繁,地方保护与市场歧视以更隐蔽的方式继续干扰市场经济的正常运行,严重损害了国家整体经济利益[6,9]。上级政府为了推动区域社会经济一体化,频繁以政治倡导、行政指令、国家战略等形式把压力传递到下级政府。

然而,跨域经济协作与跨域公共事务治理存在一定差异,市场体系下的跨域经济协作较为特殊,涉及企业这个趋利的市场主体,且与"晋升锦标赛"的激励模式难以共存[12]。高位推动下的跨域协作虽然在社会治理领域(如环境治理、联合执法等)取得了一系列成效,但在经济协作领域的进展依然缓慢。譬如虽然跨政区的协调会议不断,但每年的议题却高度雷同,议而不决或决而不行并不少见,签订的协议缺乏有效的法律约束与监督,执行情况与效果少有问津[13]。各类跨区域联席会、沟通会或区域领导人高层会议更多带有象征性的宣示意义,区域间虽建立了合作共识,但实质性的协作却常常流于形式[14]。在中央(上级)政府的政治压力与"行政区经济"的路径依赖之下,地方政府依然难以构建较为稳定的利益共同体,在部分情境中只能通过"表演式"的伪合作行为来缓解"理性人"与"代理人"的角色冲突。

1.2 跨域经济协作中伪合作行为的影响因素

在跨域经济协作中,利益冲突作为核心问题,体现的是最实质的政府间关系[15]。在单一制中央集权的国家结构下,行政区划直接关系到资源整合与利益分配,并在一定程度上决定了政府间关系以纵向协调为主,"行政区经济"的存在导致各级政府既缺乏横向间关系处理经验又缺乏内在动力[16]。在上级政府对区域协同发展的政治压力下,跨政区的经济协作虽有所推进,但由于面临结构性障碍而引发"理性人"与"代理人"的角色冲突,地方政府本能的自利性导向逐渐演化出假借上位政策实现自身利益的伪合作行为(图1-1)。

1.2.1 结构性因素:压力型体制下的横向府际协作障碍

国家结构形式是国内政府间关系的基础,对社会经济的影响最具关键性[17]。中国在国家结构方面有两个显著特征:其一是单一制,这决定了我国中央与地方关系是一种上下级的关系或领导与被领导的关系,地方政府权力源自中央政府的授权,且授权大小与程度和行政区划体系本身存在密切关联,这与联邦制国家中央与地方的法制性正式分权关系有着本质的差异[18]。其二是中国作为大一统国家,有着长达两千余年的中央集权制传统,这与日本地方自治以及法国地方分权的体制有所不同。在单一制中央集权的国家结构背景下,行政区划体制本身被细化为空间范围、行政等级、

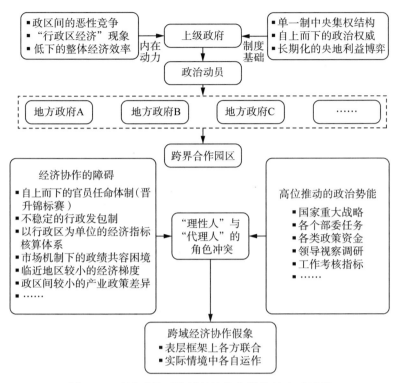

图 1-1 政治动员下跨域经济协作假象的生成过程

政府驻地、隶属关系、政区性质等诸多要素[19],行政体系与经济空间存在很强的交互效应,制度结构对经济格局有强大的重构能力[20]。行政建制在划分地域的同时,也实现了权力的纵向延伸和层级配置[21]。因此,在纵向府际关系上,中国形成了垂直的"统治—臣服"二元权力模式,行政发包、属地管理与晋升竞争的高度融合是中国行政治理的一个显著特征,表现在行政管理上就是压力型体制与行政区行政,并以行政发包或项目制的方式调控下级政区的行为[22]。

在横向府际关系方面,由于中国的行政区划体制与财政体制高度统一,一级政府对应一级财权[23],政区体制所形成的行政等级、政区性质以及倾斜政策等会显著影响横向政府间关系[24],并被以行政区划框架为基础的"行政区经济"与"行政区行政"逻辑所支配[25]。行政区划的刚性约束导致行政区是一个包含政治、经济、文化、社会等的综合体,阻碍了企业、城市以及区域间产业链的构建[26],导致政区间协作的动力严重不足。此外,经济权力的下放让地方政府有了更加明确的利益诉求,经济绩效考核与官员晋升密切相关,各级行政区的经济功能突出,基于领地的竞争日趋激烈。由于城市土地公有制与国有企业地方化,地方政府竞争的方式是在市场机制中嵌入权力因素,通过控制城市土地供应、发展地方国有企业、干预经济要素流动、保护地方市场等方式,改变市场主体对成本与收益的预期,以利于本辖区的发展[27],阻碍统一市场的形成,构建功能完整、产业类型齐全且封闭运行的"行政区经济"体系。

1.2.2 能动性因素:中央政治动员下的地方政府角色冲突

1)地方政府"理性人"与"代理人"的角色冲突

随着权力下移,地方政府利益倾向逐渐强化,中央依靠地方政府贯彻自身意志的方式效果逐渐式微。为加大地方政府执行上位政策的压力,中央政府只好重启政治动员机制,采用目标设定、会议推动、政策灌输、行政包干、政绩考核等一系列策略与手段,通过自上而下的政治势能强力推动经济协作[28]。然而,跨域经济协作与以行政区划为基础单位的政绩考核、财税以及经济体系难以兼容,因此理性的地方政府必然缺乏推动跨区域经济协作的内在动力,逐底竞争(race to the bottom)成为横向政府间关系的常态[29]。也就是说,在压力型体制下,地方政府实质上兼具"理性人"与"代理人"的双重身份[30]:一方面作为中央政府在地方的代表,要服从中央的利益,贯彻区域整合战略;另一方面作为地方利益的代表,要实现辖区收益最大化。

发展型政府具有"准公司"性质,以经济增长、重大项目、财政收入等为合法性来源,在行政梯度分权、逐级发包、层层分解以及财政分权过程中,官员晋升锦标赛机制逐步建立,"城市企业主义"模式高度嵌入,地方政府形成了中国特色的垂直或自上而下的封闭式激励机制。对于中央高度重视且上升为国家战略并纳入政绩考核体系的区域一体化工作,各级官员自然高度重视。因此,政治动员下的跨政区合作,一般采用纵向与横向结合的政治包干模式来落实上级政府的指令,但由于这种"行政发包"是非制度化的,完全有可能随着领导的更迭而变化,无法为区域经济协作提供稳定的内在动力[31],但建立在行政区划体制上的官员任命、财税以及国内生产总值(Gross Domestic Product,GDP)统计核算制度却较为刚性,若官员的任命依然是限制在行政框架体制之中,跨行政区横向协作的自主性必然受到约束而不可持续[32]。

2)政绩共容困境与貌合神离的跨域协作行为

政绩共容是政区或部门间协作的关键性因素[33],但跨政区经济协作却难以满足合作行为所要匹配的组织环境和组织资源。

在组织环境方面,在自上而下的权威型纵向机制中,下级政府具有一定的自主权与博弈空间,同时域内利益的共容性和上下级地方政府目标任务的同构性使地方政府间的竞争行为得到了强化,导致横向政府间缺乏经济协作的动力,高位推动方式所形成的政治势能效用必然受到制约[20]。与对跨政区公共事务协作的强烈需求不同,行政区边缘经济导致边界地带的经济协作需求较弱,且发达地区边界地带的建设用地相对较多,而空间邻近意味着市场可以覆盖周边政区,因此两地共建产业园区的基本需求并不一定存在,跨政区共建产业园区也将面临更多的利益协调问题,操作成本极高。在市场经济体制下,企业可以跨政区自由流动,因而利益共同体的构建面临诸多现实困境。然而,上级政府在压力型体制下通过政治动员形成的强大政治势能让地方政府无法简单应付[34],为了在一系列迎检过程中彰显政绩,只能选择性执行一些示范项目,尤其是以在政区交界地带建立合作园区的形式。

在组织资源方面,由于跨区域经济协作的绩效难以考核,跨界合作园区在涉及跨区域投资、产业转移承接、招商引资等方面深陷摩擦之中。财税分成、国内生产总值(GDP)统计等虽有上位政策支持,然而竞争性的地方政府即使可达成某种转移支付或利益分配的契约安排,仍会因在以行政区为基本单元的空间行政体系中缺乏法律效力或实施方式而难以操作;行政边界不仅是管辖区域的边界,而且是不同政策空间集合的边界[35],政区之间的自主性差异直接影响政府间横向竞争合作的领域及限度。若在跨区域经济协作中不让渡行政管辖权,则政绩考核、财税体制、国内生产总值(GDP)统计等都无法兼容,跨界协作园区只能保持一个形式框架而无法真正运行。然而,对政治权威的服从导致跨域经济协作难以退出,在行政管辖权难以让渡、利益共同体难以构建、市场投资方向无法掌控的背景下,跨界合作园区所涉及的各方政府不得不在联合的表层下以辖区利益为基础分殊执行招商引资、产业政策、基础设施建设等工作,很多时候只能象征性地做一些形象示范工程以应付上级政府的考核或迎检,即表面上联合而实质上分开运作,其典型特征是对"理性人"与"代理人"的双重角色进行整合,在响应中央政策的宣传话语中嵌入自利性行为逻辑,形成一个"合作为表,分离为实"的表态型联合体组织[36]。

1.2.3 事务本身因素:市场机制下跨域经济协作的特殊性

跨域协作中地方政府的行为会随着政治压力、合作事务性质、空间距离以及市场经济发育程度等因素而不断变化,出现避害型合作、趋利型合作、响应型合作等类型[37]。事实上,跨域经济协作与跨域公共事务协作存在系统性差异,主要表现在以下三个方面:

1)二者的内在属性有所不同

跨域公共事务协作(如环境治理,联合执法,社保、医保互联互通等)一般集中在避害型社会性服务,这类问题天然属于政府职能范围,不解决会严重降低普通民众的生活质量,容易引发社会稳定问题而导致地方官员被问责。然而,跨域经济协作更偏向于趋利型发展性服务[31],对于其是否属于政府职能尚存争议,若强行纳入官员考核清单,则有可能引发社会对政府干预市场的质疑,不利于发挥市场在资源配置中的基础性与决定性作用。

2)二者发生的场域存在差异

跨域公共事务协作大多仅涉及官僚体系,而在中国逐步完善的市场化环境中,跨域经济协作不但涉及官僚体系,而且与市场经济体系息息相关。跨域经济协作的过程与效果不仅受制于上级的考核体系,而且必须时刻接受市场的检验。然而,当地方政府以行政法人的身份处理地方经济问题时,必然是一种切割、闭合模式,其利益实现过程具有明确的行政边界的排他性[38]。地方政府虽属准公司性质,但却受制于以行政区划为基础的资源配置法律规章体系,无法像市场中的公司那样存在某种利益补偿机制来避免恶性竞争并实现共赢[39]。

3) 二者参与主体类型各异

跨域公共事务协作的参与者一般是各级政府,而跨域经济协作的参与者除政府外还有各类企业、行业协会、商业资本等。"官场＋市场"双竞争机制深度嵌入跨域经济协作全过程,有时地方官员无法合作并非完全源于财政激励或经济竞争,而是嵌入市场经济中的政治晋升锦标赛[38]。虽然地方政府、国有企业以及地方官员都与行政区划体制绑定在一起,但随着国有企业在一般性行业的退出以及市场在资源配置中的基础性与决定性作用越来越凸显,政府对要素资源的控制力在减弱,对经济的干预与管制无法像之前那样具有所有权基础,地方政府即使在政治高压与经济、政策的激励下试图推进跨域经济协作也可能陷入缺乏抓手的困境[40]。这意味着政府主导的跨域经济协作可能面临市场主体不参与的风险,这是跨域经济协作与跨域公共事务协作的核心差异,也是二者在政治压力下效果迥异的关键原因。

这些差异的存在意味着高位推动下二者在推进强度、进程与效果等方面可能呈现异质性,不能把跨域公共事务协作的理论简单套用在跨域经济协作领域,更不能将两者混同起来分析。跨界公共事务协作属于政府职能且内嵌于政府组织场域之中,并与民众生活和社会问题关联极大,因而在压力型体制下更有可能进入地方官员考核的"一票否决"清单,从而加深其"避害"属性,增强其外在动力,同时其目标或指标较为明确且更易测量,下级官员为了免受上级惩罚,不得不切实推进合作。然而,政治动员下的跨域经济协作缺乏足够的合法性,无法嵌入市场竞争体系,容易激化官场晋升与市场竞争的潜在冲突,并误导府际协作的价值导向,导致经济一体化所依赖的资源要素的无障碍流通、公共服务均等化以及行政管理一致化被产业对接或合作园区建设等狭隘的具体项目所替代[41]。因此,跨域经济协作中政治动员的强度受到极大的限制与诸多阻力,即便进入官员考核清单,其指标也必然较为模糊且难以量化,最终往往因形式化而不了了之。

1.3 推动区域经济一体化的政策建议

跨域经济协作表面上是行政区划问题,本质上是政治结构引发的经济问题,其整个过程是一项环环相扣、制度互嵌的系统工程。政治动员且高位推动下的跨政区经济协作与其他公共事务协作在运行逻辑上存在一定的差异,协作进展缓慢且成效不彰,附属于行政区划框架中的政绩考核、产业政策、财税体制、国内生产总值(GDP)统计等是表因,更深层次的原因则在于地方政府的角色与职能定位。在当前国土空间行政结构背景下,跨行政区横向政府间无法建立利益共享机制,但高位推动的强大政治压力又倒逼横向政府间不得不进行无法退出的经济协作,由此催生了"形神不一"的协作假象,即双方在同一个战略与优惠政策下各取所需。这一现象在一定程度上打破了学术界与政界那种试图通过地理邻近性实现跨行政区经济协作的简单构想,显示在组织资源与组织环境难以满足的情况下,纵向嵌入现有行政框架,通过行政手段来协调市场经济体制下各个经济体的区域行为,因无法形成自下而上的内生经济社会协作网络,难度较大且可能出现政策意外。在中国从计划经济向社会主义市场经济转变的过渡期,以政治动员方式推动跨域经济协作有一定的合理性与必要性,但若要推动"貌合神离"的跨域经济协作向"政绩共容体"转变,则应根据空间区位、合作事项性质、产业梯度等情境因地制宜,并重点关注以下几个方面:

1.3.1 重视政治动员过程中的激励相容问题

中国"官场+市场"的竞争结构意味着跨域经济协作与官场晋升锦标赛的激励机制难以共存,因此单纯的政治动员因缺乏互利共赢机制而无法激发各方的内在合作动机。未来有必要通过完善地方官员晋升制度,摒弃过度注重经济类指标的考核机制,建立更加科学合理的官员选拔制度,完善府际协作的利益激励与约束机制,解决好政治动员过程中的激励相容问题,这样才能为跨域经济协作从"形神不一"向"政绩共容"转变提供内在驱动力。

1.3.2 因地制宜地为行政权横向让渡创造条件

稳定的合作规则是跨域合作可持续的重要保障,跨域经济协作中诸多困境的症结部分源于单一制中央集权制下的"行政区经济"问题。某些相邻地区即使区位、要素成本、交通等资源禀赋类似,但产业梯度极大。对于此类要素互补性很强的地区,中央(上级)政府应提供适当条件,通过制定法律、政策供给和制度安排,形成府际"横纵联动"与"统筹协调—承接落实"的运行逻辑,强化相邻政区间的干部交流与统一考核制度,适度调和区域利益与地方利益,为横向行政管辖权的转移创造稳定的制度空间。

1.3.3 精准支持跨界经济组织的市场化运作

市场是区域经济整合的根本驱动力,从长三角地区密布的跨界合作园区可以得出,跨界经济组织的市场化运作是取得成效的关键。为了削弱边界效应,保障跨界合作园区(或产业项目)的顺利开展,中央(上级)政府应考虑弱化指派合作项目与任务等低效率强制性的跨界经济协作,并通过适当的资金补助方式(类似于欧盟跨界经济合作计划 Interreg),在合作各方与国家战略一致、有明确的规划以及有一定合作基础的原则下,通过跨界合作基金的方式为跨界合作园区提供一定的资金支持,鼓励开展形式多样、富有实效的合作,促进府际合作伙伴关系的形成,助推政区间邻近地区的共同发展和融合。在这方面,纽约—新泽西港口事务局(The Port Authority of New York and New Jersey)的历史背景、与制度运作以及完善过程具有重大启发意义,有必要建立一个以功能性导向府际关系理念、跨界联合执法制度、对等且权责一致的协作治理机构、公共实体企业化运作模式的跨界协作治理体系,以取代地方政府的部分职能,为各领域衔接提供支撑。

1.3.4　推动政府职能由经济发展转向公共服务

在体制转轨时期,政府为主导的经济发展模式存在其必要性,但随着市场经济体制的逐步完善,市场配置资源的基础性与决定性作用将会更加凸显。因此,政府职能转变是区域经济一体化的关键,各级地方政府有必要从所有者和经济活动的直接参与者向监管者(规制制定者)转变,专注于公共服务、市场监管的均等化与一体化。此外,有必要合理划分各级政府在区域经济整合中的不同职责,尊重经济一体化的演变规律,理性确定一体化的发展阶段与目标诉求。

(执笔人:匡贞胜、孙斌栋)

第 1 章参考文献

[1] 刘志彪,孔令池. 从分割走向整合:推进国内统一大市场建设的阻力与对策[J]. 中国工业经济,2021(8):20-36.

[2] 郁建兴,高翔. 地方发展型政府的行为逻辑及制度基础[J]. 中国社会科学,2012(5):95-112,206-207.

[3] 匡贞胜,王妤. 城市企业主义:概念内涵、中国特性及其空间效应[J]. 城市问题,2022(3):14-23.

[4] 熊竞. 区域城市一体化的政区逻辑:政区治理化与治理政区化[J]. 上海行政学院学报,2022,23(1):65-73.

[5] 郭栋,胡业飞. 地方政府竞争:一个文献综述[J]. 公共行政评论,2019,12(3):156-173,193-194.

[6] 匡贞胜,王妤. 政治动员、角色冲突与跨域经济协作[J]. 公共管理与政策评论,2022,11(3):94-106.

[7] 李善同,侯永志,刘云中,等. 中国国内地方保护问题的调查与分析[J]. 经济研

究,2004,39(11):78-84,95.

[8] 夏添,孙久文,林文贵. 中国行政区经济与区域经济的发展述评:兼论我国区域经济学的发展方向[J]. 经济学家,2018(8):94-104.

[9] 匡贞胜,虞阳. 中国行政区划改革的内卷化风险及其生成机制[J]. 人文地理,2020,35(2):93-101.

[10] 吴晓林. 模糊行政:国家级新区管理体制的一种解释[J]. 公共管理学报,2017,14(4):16-26,63,153-154.

[11] 高翔,龙小宁. 省级行政区划造成的文化分割会影响区域经济吗[J]. 经济学(季刊),2016,15(2):647-674.

[12] 黄晓春,嵇欣. 当代中国政府治理模式转型的深层挑战:一个组织学视角的分析[J]. 社会科学,2018(11):49-61.

[13] 叶必丰,何渊,李煜兴,等. 行政协议:区域政府间合作机制研究[M]. 北京:法律出版社,2010.

[14] 蔡岚. 我国地方政府间合作困境研究述评[J]. 学术研究,2009(9):50-56,160.

[15] 谢庆奎. 中国政府的府际关系研究[J]. 北京大学学报(哲学社会科学版),2000,37(1):26-34.

[16] 赵聚军. 行政区划调整如何助推区域协同发展:以京津冀地区为例[J]. 经济社会体制比较,2016(2):1-10.

[17] 林尚立. 国内政府间关系[M]. 杭州:浙江人民出版社,1998.

[18] 匡贞胜. 职能转变、资源配置与特大镇行政体制改革[J]. 中国行政管理,2020(6):19-24.

[19] MA L J C. Urban administrative restructuring, changing scale relations and local economic development in China[J]. Political geography,2005,24(4):477-497.

[20] WANG J J, YEH A G. Administrative restructuring and urban development in China: effects of urban administrative level upgrading[J]. Urban studies,2020,57(6):1201-1223.

[21] 陈军亚. 国家建制设置的双重功能与城乡融合发展[J]. 学海,2020(4):107-112.

[22] 周黎安. 行政发包制[J]. 社会,2014,34(6):1-38.

[23] 朱秋霞. 行政区划与地方财政体制:几个相关的理论问题[J]. 经济社会体制比较,2005(1):35-39.

[24] 匡贞胜,孙斌栋. 新国家空间框架解读中国空间转型现象的再审视[J]. 地理科学进展,2021,40(3):511-523.

[25] 杨爱平. 论区域一体化下的区域间政府合作:动因、模式及展望[J]. 政治学研究,2007(3):77-86.

[26] 刘君德. 中国转型期"行政区经济"现象透视:兼论中国特色人文—经济地理学的发展[J]. 经济地理,2006,26(6):897-901.

[27] 彭彦强. 论区域地方政府合作中的行政权横向协调[J]. 政治学研究,2013(4):40-49.

[28] 杨爱平. 从垂直激励到平行激励:地方政府合作的利益激励机制创新[J]. 学术研究,2011(5):47-53,159.

[29] 杨志云,毛寿龙. 制度环境、激励约束与区域政府间合作:京津冀协同发展的个案追踪[J]. 国家行政学院学报,2017(2):97-102,127-128.

[30] 周明.合作收益分析框架下的地方政府间合作机制研究[J].理论学刊,2012(8):81-85,128.

[31] 叶林,杨宇泽,邱梦真.跨域治理中的政府行为及其互动机制研究:基于广佛地铁建设和水污染治理的案例比较[J].理论探讨,2020(2):163-170.

[32] 陈承新.德国行政区划与层级的现状与启示[J].政治学研究,2011(1):72-83.

[33] 王清.政府部门间为何合作:政绩共容体的分析框架[J].中国行政管理,2018(7):100-107.

[34] 陈科霖,吴昊.从政治动员到互利共赢:区域统筹背景下的区县合作机制研究[J].行政科学论坛,2016,3(3):54-61.

[35] 崔兆财,周向红.中国省级行政边界处的非连续增长:基于DMSP/OLS夜间灯光数据的实证研究[J].经济问题探索,2018(4):9-17.

[36] 杨龙,郑春勇.地方政府间合作组织的权能定位[J].学术界,2011(10):18-25,257-259.

[37] 麻宝斌,李辉.中国地方政府间合作的动因、策略及其实现[J].行政管理改革,2010(9):63-68.

[38] 赵定东,王新.政府间区域协作的机制与"中国实践"困境[J].湖南师范大学社会科学学报,2011,40(2):84-88.

[39] 周黎安."官场+市场"与中国增长故事[J].社会,2018,38(2):1-45.

[40] 周绍杰,王有强,殷存毅.区域经济协调发展:功能界定与机制分析[J].清华大学学报(哲学社会科学版),2010,25(2):141-148,161.

[41] 张岩鸿,韩靓.区域联动的政府间合作实践分析:以珠三角一体化推进为例[J].特区实践与理论,2013(4):22-26.

第1章图片来源

图1-1源自:笔者绘制.

2 中国都市圈政府协同治理研究

以大城市为核心的都市圈是社会经济发展的龙头、枢纽和增长极,都市圈的发育程度已成为衡量一个国家或地区社会经济发展水平的重要标志。根据发达国家的经验来看,都市圈是新型城镇化阶段的重要空间形态。随着城市化进程的加快,21世纪初我国的都市圈规划掀起了第一波热潮。最具代表性的是2002年国务院同意、建设部批复的《江苏省城镇体系规划(2001—2020年)》,该文件提出构建南京都市圈、徐州都市圈和苏锡常都市圈的设想;杭州、宁波、合肥、武汉等都市圈也相继跟进提出类似概念。随后几年都市圈规划趋于理性,热度有所回落。2019年《国家发展改革委关于培育发展现代化都市圈的指导意见》公布后,都市圈建设再次按下了加速键,国家发展和改革委员会也已陆续批复了南京、福州、成都、长株潭、西安等13个国家级的都市圈发展规划。

当前我国具有培育都市圈潜力的中心城市较多,未来几年还有大量的都市圈可能正式出台都市圈发展规划,因此亟须厘清都市圈很多重点问题,并达成共识。本章从都市圈的概念与功能定位出发,剖析当前我国都市圈发展的问题,并对新一轮的都市圈协同治理提出政策建议,有助于进一步推动以都市圈为重要空间依托的新型城镇化迈向更高质量的发展新阶段。

2.1 都市圈概念与功能定位

2.1.1 都市圈概念起源

"都市圈"这一概念内涵起源于美国的"都市区"(metropolitan district),最早用于1910年美国预算局(Bureau of the Budget)的人口统计。由于当时美国大城市过度膨胀,尤其伴随着小汽车的普及和高速路网的形成,经济活动重心突破城市边界向大城市周边的郊区转移。因此联邦政府意识到有必要将大城市和其周围地区定义为独立的地理实体,并将其作为数据统计的地理单元,"大都市区"的概念应运而生。此后,美国行政管理和预算局(Office of Management and Budget)(1970年由美国预算局更名而来)先后对"大都市区"的定义做了几次修改:1990年统一使用"大都市地区"(Metropolitan Areas, MA);2000年提出"核心基础统计区"

(Core Based Statistic Area，CBSA)，又以是否包含一个 5 万人以上的城市化区域为界分设大都市统计区和小都市统计区两大类并沿用至今。美国都市区的界定标准经历了由简单到复杂又回归简单的三个发展阶段。早期概念形成阶段的都市区被简单定义为一个中心城市和周边 10 mile（约 16.09 km）圈层范围内的连绵地区。到 1949 年进入发展阶段后，都市区界定标准开始加入通勤、电话联系等流指标，同时这一时期的指标体系变得相对繁杂，还包含了人口密度、城市化率、城市人口增长率等多项指标。直至 2000 年后定义的指标体系大为简化，仅保留了最核心的两个部分，即对中心城市的定义和通勤流的联系情况。此外，美国大都市区划分标准体系中的中央核人口规模门槛值的重要性呈减弱趋势，而通勤流联系门槛值总体呈现上升趋势[1]，即对中心城市是否具备较大规模的要求越来越低，对与周边地区的通勤联系则越来越重视。

"都市圈"一词准确来说首次出现在日本，由日本翻译美国的"metropolitan"而得。在此之前，日本曾经于 1954 年提出"标准城市地区"的概念，界定了类似美国"都市区"的概念，确立以中心市以及流联系作为指标条件。后续这一概念被逐渐放弃，日本行政管理厅界定的都市圈标准是以一日为周期，可以接受城市某一方面功能服务的地域范围。1960 年日本提出了"大都市圈"的概念，界定中心城市为中央指定市或者人口规模在 100 万人以上，并且邻近地区有 50 万人以上的城市，外围地区到中心城市的通勤率不小于本身人口的 15%。后续日本政府和学者多次对"都市圈"的概念进行界定，但划分标准也不外乎中心市规模、通勤率和中心市的昼夜人口比率。此外，日本国势调查将东京都特别区部（23 区）或其他政令指定都市为核心的城市区域称为"大都市圈"，其他都市为核心的称为"都市圈"。因此，从概念内涵来看，日本的都市圈概念和美国的都市区概念是一致的。日本不同的职能部门根据自身需要界定了不同的都市圈标准，尤其是通勤比率的门槛存在较大差异。

类似地，英国、加拿大、澳大利亚、瑞典等国家也在使用类似美国"大都市统计区"的概念，相应的名称为标准大都市劳动市场区、国情调查大都市区、国情调查扩展城市区、劳动市场区等。尽管名称和界定门槛数值不同，但在界定标准上无外乎三大类：中心城市人口、通勤率和就业情况。

2.1.2 都市圈本质特征

根据世界各国都市圈/区或者类似概念的综述，可以总结出以下几点都市圈的本质特征：

首先，都市圈是一个跨政区的城市功能地域概念。都市圈是随着城市扩张范围突破行政界线而形成的一个大的人口核心，以及与这个核心具有高度社会经济一体化倾向的跨政区邻接区域的空间组合。这一特征决定了都市圈与行政意义上的城市概念存在本质不同。都市圈的集聚属于功能意义,是作为一个统一的整体产生城市规模经济的地理空间尺度。都市圈内城市的功能一般都已蔓延到邻近区域另外的行政单元中。

其次,都市圈内部基于密切通勤联系,共享劳动力市场。各国对都市圈有不同的定义方法,但其中最重要的共同点是都市圈内部通过密切的通勤联系相互连接。部分国家甚至直接将类似概念定义为劳动力市场区,这也充分表明都市圈本质上是一个统一的劳动力市场。因此,都市圈具有职住平衡的特征,且拥有更多面对面交流的机会,这与城市群等更大地理空间尺度的一体化区域有着本质的区别。

最后,都市圈的地理空间尺度一般要小于城市群尺度,中心城市数量也小于城市群。尽管美国、日本等国家都有"大都市区"或者"大都市圈"的概念,但这种"大"的界定并不在于通过降低通勤比率门槛扩大空间尺度范围,而是在于中心城市的等级或规模。从城市化发展阶段来看,邻近的多个都市圈相连,形成了城市群。根据地理第一性距离衰减效应可知,都市圈内部的交流以及各种外部性的空间溢出效应要强于更大尺度上的城市群。此外,多数都市圈内部通常只有一个中心城市,即首位城市(发展成熟的都市圈也存在多个中心城市,这取决于彼此之间的联系强度)。中心城市在都市圈范围内起到绝对的领导地位,其核心边缘结构相较于城市群更加明显。

2.1.3 都市圈功能定位

首先,都市圈是新型城镇化的重要功能空间载体。具体而言,都市圈有以下几个功能对于推进城市化不可或缺,也无法由其他尺度的一体化区域替代:① 都市圈跨行政区的通勤功能。随着城市化进程的推进,郊区化逐渐突破行政区边界,随着不同行政区之间通勤需求的增加,跨政区通勤交通联系的规划与建设对下一阶段的城市化起到了重要作用。都市圈的交通联系重在"通勤"职能,与城市群在更大尺度上的交通网络联系存在本质的区别。② 都市圈统一劳动力市场区域功能。这一功能是以都市圈通勤联系功能为基础,即在都市圈内形成了职住平衡一体化区域,都市圈内部共享劳动力市场。都市圈内部的产业协同是城市内部的协同,重点依靠中心城市的辐射功能,与周边郊区抱团发展,形成本都市圈的产业特色集群,并以片段形式精准迁入更大地理空间尺度的城市群的整体产业链,有利于支撑城市群的整体产业链条协同和一体化发展。同时,都市圈更有利于针对本城市的劳动力市场需求进行相关的劳动力技能培训,优化劳动力结构。③ 都市圈内部空间优化功能。都市圈的空间组织是将城市作为一个面进行内部的空间协同,而城市群则是将城市作为一个点。都市圈范围过大,容易忽视城市内部的空间协调问题,如城市主中心疏散、边缘新城崛起等一系列问题。④ 都市圈内跨界环境治理功能。城市化的推进使得都市圈内的建设用地大面积扩张,城市的环境承载力下降。因此,都市圈内部对于整体土地利用的协调、绿色开敞空间的保护都是保障高质量城镇化的重要维度,也是都市圈在跨界治理过程中需要面临的重要问题。⑤都市圈社会公共服务的共同体功能。发达国家的都市圈需要面临核心区和郊区贫富差距的问题,因此解决社会隔离是发达国家都市圈所要面临的重要职能。在我国,由于户籍制度的限制,邻近大城市行政区边界的区域无法享受同样的公共服务,阻碍了区域一体化发展的进程。都市圈作为同城化的一体化区域,共同编制规划,有利于加强基础设施对接,实现功能布局融合、基础设施统筹、公共服务共享,进而推动整体的城市化进程。

其次,都市圈是城市群的重要组成部分与支撑力量。都市圈和城市群两者均作为跨行政区协同的空间载体,两者既有共同之处,也存在差异,互为补充,不可或缺。根据《国家发展改革委关于培育发展现代化都市圈的指导意见》可知,城市群是新型城镇化主体形态,是支撑全国经济增长、促进区域协调发展、参与国际竞争合作的重要平台;都市圈是城市群内部以超大特大城市或辐射带动功能强的大城市为中心、以1 h通勤圈为基本范围的城镇化空间形态。该文件对这两者关系的区分相对比较清晰,即城市群是由若干个都市圈构成的城镇化空间形态。可见,无论从地理空间的尺度、体量还是层级来看,都市圈都低于城市群,因此在规划层次上两者之间有着本质的区别。都市圈是一个城市整体功能地域的概念,而城市群是多个城市的集合。因此都市圈的一体化是城市内部的一体化,而城市群是多个城市之间的一体化。从全球发展潮流来看,国际竞争越来越体现为以核心城市为中心的城市群和都市圈的竞争。其中都市圈作为城市群的"硬核",在城市群中扮演核心的角色,是城市群竞争的主要依托力量。因而,建设好都市圈对于城市群全球地位的发展将具有重大的支撑作用。

2.2 我国当前都市圈协同问题

2.2.1 都市圈规划范围普遍过大

尽管国家发展和改革委员会、自然资源部均已明确界定都市圈范围为1 h通勤圈,但目前中国都市圈规划的空间范围多数都已超过这个限制。除了《南京市城市总体规划(1991—2010年)》界定的南京都市圈范围相对较小(2 753 km^2),其他的都市圈范围都过大。其中,在2万 km^2 范围以内的仅有苏锡常都市圈(1.75万 km^2)、长株潭都市圈(1.89万 km^2)、西安都市圈(2万 km^2);其他都市圈的规划范围远远超出了如美国、日本等很多成熟都市圈的面积范围,如纽约大都市区为1.73万 km^2(纽约市及周边18个县),东京(一都三县)、近畿(大阪圈)、中京(名古屋)大都市圈的面积均约为2万 km^2。如此大范围的都市圈与我国当前都市圈发展刚起步的阶段现实严重不符。

如2021年发布的《南京都市圈发展规划》中的南京都市圈由以江苏省南京市为中心、联系紧密的周边城市共同组成。南京都市圈主要包括:江苏省南京市,镇江市京口区、润州区、丹徒区和句容市(1 h驾车时间,下同);扬州市广陵区、邗江区、江都区和仪征市,淮安市盱眙县,安徽省马鞍山市花山区、雨山区、博望区、和县和当涂县,滁州市琅琊区、南谯区、来安县和天长市(1.5 h);芜湖市镜湖区、弋江区、鸠江区,宣城市宣州区(2 h)。南京都市圈的面积为2.7万 km^2。规划范围拓展到南京、镇江、扬州、淮安、芜湖、马鞍山、滁州、宣城全域及常州市金坛区和溧阳市,总面积为6.6万 km^2。2022年印发的《上海大都市圈空间协同规划》中的上海大都市圈是国内当前唯一以"大"命名的都市圈。上海大都市圈陆域总面积约为5.6万 km^2,形成以上海为中心加苏州(1.5 h)、无锡(1.5 h)、常州(2.5 h)、南通(1.5 h)、嘉兴(1.5 h)、湖州(2 h)、宁波(2.5 h)、舟山(3 h)等构成"1+8"都市圈空间格局[①]。

从国际经验来看,无论是都市圈还是大都市圈均遵从密切通勤联系的都市圈核心功能,两者仅仅是中心城市的能级存在差异,而不是空间尺度差异。范围过大容易使得都市圈成为"缩小版"的城市群,导致重复建设等问题;另外,过大的都市圈内无法产生实质性的紧密通勤联系,将导致高质量同城化发展和新型城镇化失去适宜的空间抓手,城市群发展也缺乏硬核支撑;范围偏离通勤区本质后,导致都市圈内多城发展目标各不相同、难以兼顾,协调机制难以建立。

2.2.2 通勤功能的城际联系缺乏

都市圈的本质是跨政区的城际通勤区。为了解决通勤交通往来,快速交通系统是必不可少的。依托完善的交通基础设施可以在跨城范围内合理地安排就业和居住空间,在一个相对完整的劳动力市场范围内实现职住均衡,促进整体都市圈的共同繁荣。美国大都市区内的通勤交通方式以小汽车为主,日本则主要依靠快速城际轨道交通。我国都市圈人口总量大、密度高,更适合学习日本都市圈经验。以东京为例,东京都市圈除了地铁以外,另有日本铁路公司(Japan Railways, JR)投资运营的JR线和新干线铁路等。这些铁路对外连接东京市周边的千叶县、横滨市等,同样承担了东京都市圈繁忙的通勤任务。

相比较而言,当前上海与周边城市的跨城交通联系并不密切,除了高速公路连接外仅有11号线通到昆山花桥镇。从跨城通勤数据来看,我国都市圈的通勤比例远远没有达到发达国家成熟都市圈的标准。根据《2018年中国城市通勤研究报告》统计结果可知,上海、北京、武汉、成都等跨城通勤的比率均小于5%。这一数据表明我国各大城市的城际通勤交通方式并不便捷,距跨政区的通勤区域形成尚远。

此外,即使在市域内部快速通勤铁路也非常缺乏,上海市内仅有约10 km的张江有轨电车、约56.4 km的郊区通勤铁路金山铁路,以及正在建造的嘉闵线。若是从都市圈的通勤本质出发,已有研究利用手机信令数据建立上海中心与外围地区的通勤联系,模拟得到上海都市区边界,发现上海通勤紧密联系的区域远未超过行政边界,仅局限在中心城周围相对较小的范围内。对比东京都的通勤率数据得到,外围地区至东京都区部通勤率高于5%的地区所构成的范围半径超过70 km,而外围地区至上海中心城通勤率超过1%的地区所构成的范围半径不到40 km,上海都市圈在空间范围上与东京都市圈具有较大的差距[2]。这一数值显然也与已有的上海都市圈规划方案相去甚远。

2.2.3　都市圈产业分工尚不成熟

由于存在晋升锦标赛效应,地方政府本身也是"经济人",因此都市圈内的各个地方政府通常会为了争取各自的地方利益,存在争相发展价高利大产业的倾向,产业专业化分工不强。上海都市圈在企业内部的部门分工度不如东京等成熟的都市圈。根据相关研究[3],上海制造业的生产环节和生产服务功能皆主要分布在市域范围内。其中,前20强制造业企业的生产加工部门,仅有19%分布在郊区,呈现明显的行政分割状态,限制了上海制造业对周边的辐射带动作用;而东京等全球城市的制造业生产环节已经走出城市辖区,迈向区域一体化,甚至是全国一体化和全球一体化。

2.2.4　空间组织的行政区界限分明

都市圈作为跨政区的城市功能实体,其就业及人口的空间组织通常是跨政区协同,尤其是为了更好的居住环境,凭借都市圈便捷的通勤联系,职住可以在整个都市圈范围内统筹安排。对比上海都市圈(上海市加苏州市和嘉兴市,面积为1.89万 km²)与东京都市圈(一都三县,面积为1.35万 km²)来看,上海、苏州、嘉兴三个城市各有独立的人口与就业中心,并有明显的行政区界限分割效应,上海的人口和就业布局在各自的政区内部实现均衡,即职住协同在空间组织上并未能突破行政区的边界(图2-1);而东京都市圈的人口分布已突破东京都的行政边界,与外围三县连成一体,但东京都市圈的就业相对比较集中,通过便捷的通勤方式,居住在整个都市圈范围内进行安排(图2-2)。

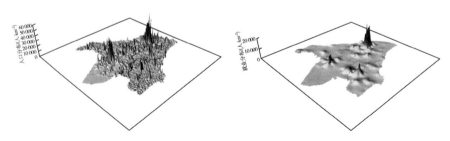

图 2-1　上海都市圈人口分布(左)和就业分布(右)

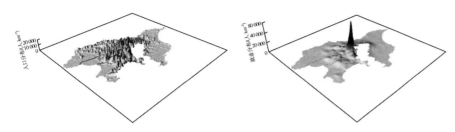

图 2-2　东京都市圈人口分布(左)和就业分布(右)

2.2.5　公共服务与政区尚未脱钩

当前我国跨界都市圈的公共服务均等化还有较长的路要走,很多公共服务与按行政区划分的户籍制度紧密挂钩,尤其医疗、教育资源在各地区间的部署差异悬殊,社保、医保一体化尚未落实。很多政府管制多以行政区划为边界,实现破解治理障碍重重。比如昆山市花桥是一个临沪小镇,日常有大量劳动者在沪昆之间通勤。花桥目前常住人口约有 30 万人,其中沪昆通勤人员达到 6 万人左右。在 2022 年上海新型冠状病毒感染疫情防控期间,由于花桥地处苏州和上海之间,为江苏省辖地,但和上海的嘉定、青浦两区交界,所以花桥同时受到上海和江苏两地疫情防控政策的影响。从 2022 年 3 月中旬花桥宣布封闭管理以来,花桥人往返沪昆之间需要执行"7＋7"要求,即 7 天集中隔离和 7 天居家健康监测。直至 2022 年 6 月 20 日,位于花桥和安亭之间的公路检验站才恢复运行。只需 24 h 核酸阴性证明,即可申请沪昆通勤码,凭码通行。到 2022 年 7 月 4 日,花桥到上海的地铁 11 号线才正式恢复。

2.2.6　生态环境协同利益冲突

在经济发展过程中,地方政府间存在着"零和博弈"行为,即某一行政区的经济发展以其相邻行政区的利益受损为代价,因而他们之间存在着对立的竞争关系。这种地方政府的竞争关系在生态环境跨界治理领域尤为明显。都市圈涉及多个行政区,在生态环境建设和污染物治理过程中,容易出现地方政府为了各自辖区经济利益导致的公地悲剧。"上游违法排污,下游取饮用水"的现象不在少数。生态环境问题主要涉及都市圈内部的跨界河湖问题、污染联防联控、空间布局上的通风走廊、垃圾处置设施的共建共享等建设。比如在南昌都市圈的建设过程中,赣江按行政区域分割管理容易导致流域生态环境保护的全局性不足和监管执法能力薄弱、流域生态环境保护的科学性和权威性不够,以及流域上下游左右岸地方政府的利益冲突和环保责任、政策标准、执法尺度、利益补偿难以协调等问题。

2.2.7 区域治理协调机制缺失

当前我国都市圈内部的协调和治理机制还未成型,仍然在探索适合中国特色的协同道路。早期嵌入在城市总体规划中的都市圈规划多数缺少对都市圈实施过程中的组织协调机制规划。近些年部分都市圈在规划过程中,开始考虑共同组建市际合作的都市圈建设办公室,或者在更大空间尺度的区域一体化合作联席会议制度框架下,推进都市圈同城化发展领导小组和办公室。但整体而言,这些都处于起步探索阶段。

都市圈协调机制的构建也在很大程度上受制于都市圈本质内涵认知程度及随之而来的规划范围和治理目标问题的约束。对都市圈本质内涵的认知不清导致了空间范围划定过大,目前规划的很多都市圈已经达到中小型城市群的范围,会导致和更高层级的区域一体化协同治理机构(如城市群协同治理机构)重复建设问题。都市圈的界定范围越大,两者的空间范围越接近,重复建设的程度可能性就越高,其后果必然导致两者权责不明,某一层级机构被闲置架空,造成资源浪费和效率损失。目前城市群规划和都市圈规划的内容趋于宏观与全面,从内容上很难对两者协同治理的重点做出区分。已有的都市圈规划和城市群规划的主要内容均包括了功能定位和发展目标、空间组织、产业发展、社会设施、基础设施建设、生态环境保护、体制机制改革等。尽管两者都形成了相对完整的内容体系,但缺乏一定的空间特性。如在交通协同方面,都市圈规划和城市群规划都会同时涉及建设都市圈同城化的城市轨道交通网络以及强化更大空间尺度枢纽作用的空港、高铁、航道等一体化交通网络。

2.3 都市圈协同内容的国际经验

从经济合作与发展组织(Organization for Economic Cooperation and Development,OECD)的一项研究来看,不同国家的都市圈治理机构通常涵盖多个公共政策领域。交通协同、产业协同和空间协同这三个主题是都市圈协调机构最主要的工作内容,公共服务、环境治理等也是较为常见的工作内容[4]。

2.3.1 交通协同

由于都市圈的本质就是通过通勤联系的功能区域,因此交通协同在都市圈治理中具有特殊的地位。根据经济合作与发展组织(OECD)的调查,超过一半的大都市地区都有专门的交通局[4]。很多都市圈设有单一职能的都市圈交通管理机构,比如德国、比利时、加拿大等国家的大部分都市圈,专门负责为该都市圈提供公共交通服务;也有些都市圈的协调机构仅仅只有交通协同职能,如美国的巴尔的摩、辛辛那提、克利夫兰都市圈。

都市圈交通协同的内容一般可以分为都市圈内部的交通协调和与其他都市圈的交通联系协同。都市圈交通协同的重点目标在于内部通勤功能的协同。从国际经验来看,都市圈内部的交通治理模式有三种比较典型的模式。

1) 日本轨道交通主导模式

东京都市圈以轨道交通为主导,而轨道交通又采用城市地铁、私营铁路、国有铁道三个不同的系统相结合,通过枢纽换乘引导交通出行,是世界上轨道交通最发达的城市。得益于其发达的轨道交通运营网络,东京都市圈的通勤范围扩大到了约 70 km,平均单程通勤时间为 68.7 min,日均轨道交通发送人数超过 4 000 万人次,其中单程全程时间在 2 h 内的占比为 92.1%[5]。

2) 美国高速公路主导模式

美国都市区交通以无控制的道路优先发展模式为主,主要依靠小汽车和公路。美国大都市区规划组织(Metropolitan Planning Organization)成立的重要目的在于处理美国大都市区层面上的交通规划,拥有直接确定交通项目优先度和资金使用方式的权力。尤其是 1962 年《联邦援助公路法》(Federal Aid Highway Act)颁布,该法首次以法律的形式要求开展大都市区交通规划,且这一法律职能在后续的各项法律法规中被不断加强[6]。自此美国就开始从政策上倾向于大规模的公路建设,在几十年的发展过程中,逐渐形成了以小汽车为主的都市圈通勤模式。

3) 欧洲公共交通与轨道交通共同引导模式

大伦敦都市圈内的交通模式由公路交通与轨道交通共同引导。从大伦敦中心城向外辐射的交通走廊,由高密度的公路系统和发达的铁路系统组成,在靠近中心城的区域主要以地铁、铁路等公共交通为主,而近邻区以外的区域则主要以小汽车为主。伦敦都市圈通过发达的公路网和铁路网,使得都市圈的通勤范围不断扩大,都市圈其他城市的居民可以选择小汽车或者铁路进入大伦敦中心城。

2.3.2 产业协同

由于经济活动具有空间外溢效应,邻近区域的经济和产业活动通常都会突破行政区边界,因此存在区域产业协同发展的问题。从市场规律来讲,掌握集聚外部性规律是产业协同的基础。根据已有研究,马歇尔(Marshall)三个不同外部性的来源在不同区域层面上发挥的作用不同。产业的投入产出关系在大尺度层面(美国的州层面)上对制造业集聚存在正面推动作用,劳动力池在不同区域层面(美国的州、县、邮政编码区)上均对集聚有正面作用,知识外溢仅在小尺度层面(美国的邮政编码区)上成立[7]。考虑到都市圈的地理尺度特征,其经济发展协同更注重知识外溢效应和劳动力池共享。都市圈由于地理的邻近性和通勤联系等特征,相较于更大尺度的城市群区域,重点在于劳动力池和知识外溢效应。

对于以美国为例的市场经济国家来说,都市圈政府负责协调与规划邻近区域的经济发展计划,但较少直接干预产业的分工布局,更多是通过顺应市场规律提升本地就业吸引力的方式来吸引企业入驻,以促进当地经济的共同发展。这些地方政府常用的政策手段为在辖区范围内提供规划完善的产业发展区域,吸引企业投资,此外的重点多放在促进经济发展、维护居民生活环境、提高小企业竞争力、增进就业机会等方面。产业政策多以市场渠道为主,比如致力于界定产业设厂区位、协助企业获得用地、提供基础设施、协助融资等[8]。随着企业选择对人才的重视日益加强,当地是否具备人才所需要的各类娱乐设施和便利的交通也对招商引资至关重要。如亚马逊(Amazon)第二总部在考虑区位的过程中,尽管参与的城市较多,税收优惠等力度也都较大,但只有少数几个城市符合亚马逊总部对人才的要求。获胜城市之一为北弗吉尼亚州的阿灵顿,距华盛顿特区仅 15 min 车程,距里根国家机场约 3.22 km,距杜勒斯国际机场不到 1 h;同时,这是美国受教育程度最高的地区,年轻人需要的生活要素也很齐全。另外,比如《得克萨斯大都市蓝图》(*Texas Metropolitan Blueprint*)涉及的大都市圈在经济发展方面的协同手段主要包括:对得克萨斯州人的技能发展加以投入;弥合城乡普遍存在的数字"隔阂";激励小企业,推动初创公司;扩大医保覆盖范围,并拉动投资;对高等教育和医学科技增大投入,使其成为社区发展的催化剂;支持地方倡议,在经济发展中关注社区利益,达成公共目标;对地方品质增大投入,使得克萨斯州大都市区更为宜居;对边境和国际贸易基础设施增大投入,包括港口和机场。

2.3.3　空间协同

从空间成长规律来看,区域空间结构会从低水平空间均衡发展到单中心增长极,随之集聚不经济的累积可能推动空间结构从单中心向多中心转变,并最终整体达到高水平的均衡状态[9]。市场化程度较高的国家,一般空间组织都是顺应区域空间演化规律做出相应的动态空间协同安排。第一阶段以极化效应为主,主要引导要素向中心城市集聚;第二阶段中心城市与周边腹地的联系增强,要素向周边区域辐射,中心城市与周边地区逐渐形成一定的土地和人口规模;第三阶段外围城镇竞争力加强,与中心城市共同构成成熟的多中心空间结构,这一阶段强调各要素在不同中心之间的相互流动及一体化,实现更高质量的均衡一体化。

比如从纽约大都市圈的历次空间规划来看,每次空间规划针对的重点问题都有所不同,且基本顺应了空间演化规律。美国大都市区的区域规划是由纽约区域规划协会(Regional Plan Association, RPA)这一非营利性的民间组织倡导并规划的。纽约区域规划协会(RPA)曾分别于 1929 年、

1968年、1996年和2013年四次编制纽约大都市区区域规划[10]。比如1929年纽约及其周边地区的区域规划主题为"再中心化"（recentralization），主要目的是解决中心城市的发展问题；1968年第二次纽约地区区域规划的主题为"再集中"（reconcentration），即希望能够将就业集中到郊区的卫星城；1996年和2013年的第三次、第四次区域规划，其主题分别为"危机挑战区域发展"和"脆弱的成功"，重点关注整体区域的更高质量发展[11]。

东京大都市圈的历次规划亦是如此。日本中央政府通过设置首都圈建设委员会、首都圈整备委员会等协调机构以及七都县市首脑会议等制度安排，在《国土综合开发法》《国土形成计划法》《首都建设法》《首都圈整备法》等多项法律的保障下，先后进行了七次首都圈规划。在城市空间结构方面，实现了由单中心向多中心、圈层结构向网络结构的转变，为首都东京人口和功能的疏解以及首都圈区域的协调发展提供了科学的依据和指导。1958年和1968年的《都市圈基本计划》，重点在于提高中心城市的核心功能，适应人口和功能向东京集中的形式；1976年和1986年的《都市圈基本计划》开始有计划地提出"多核多圈型"区域结构；1999年提出要形成"分散型网络结构"；2009年和2016年的《首都圈广域地方规划》强调"广域规划"，用"双向流动""对流型首都圈"取代过去单向的"集聚""扩散"概念。

2.3.4　公共服务

公共服务通常由较小地理尺度范围的政府来提供，一般来说都是由地方政府自身提供，但由于公共问题跨边界存在，典型的如跨界犯罪、传染病、恐怖主义等；部分公共服务需要依靠一定的规模经济来实现，尤其是高质量的公共服务。因此，在公共服务的生产和提供可以分离的前提下，即公共服务的生产者不一定是提供者，都市圈内的各地方政府可以共享公共服务，并确定如何具体进一步实施共享。更大城市群区域或者国家尺度的公共服务一般多以宽泛的政策指定为主，或规划高等级的公共服务。

以美国为例的市场化程度较高的国家，其公共服务的市场化程度也较高，因此在都市圈内部不同地方政府之间通过合作来提供基本公共服务非常常见，从而达到节约政府成本的目的，比如消防治安、污水及垃圾处理、医疗应急/救护、教育等[12]方面的成本。

2.3.5　环境治理

在生态环境问题上，由于都市圈的地理尺度小于城市群，所涉及的跨界区域更少，都市圈层面可能更倾斜于对沿河沿海岸线、土壤、植被、固态废物等较难移动资源或污染物的协同保护与治理，对于跨多个都市圈的水资源、空气等流动性范围大的环境因素来说，需要更大尺度上的政府协同。

中心城市也通常只有一个,因此一般都有一个中心城市为主导推动整个都市圈的环境合作。比如,在纽约都市圈的水环境领域合作中,纽约与周边的新泽西州沿哈得孙河的区域、长岛区域、牙买加湾区域都存在区域合作,尤其是纽约—新泽西港口河口计划(The New York-New Jersey Harbor & Estuary Program)是一个典型的都市圈跨界合作治理水环境案例。该计划于1987年启动,旨在通过合作的方式改善区域的水质,恢复生物的栖息地等。参与者包括区域的公共机构、地方政府、科学家和公民组织。此外,纽约都市区环境治理的突出特点是纽约始终处于主导地位,该区域的治理管理单位均位于纽约,且由纽约主要负责管理[13]。

2.3.6 治理机制

都市圈发展涉及多个地方政府部门之间的跨界协同,因此通常需建立一个协同治理的平台。从世界各国都市圈的协同机制治理实践经验来看,协同治理机制是都市圈协同的制度基础。经济合作与发展组织(OECD)曾经在2014年针对其成员国的263个都市圈开展调查研究,发现其中有68%的都市圈都专门设置了协同治理机构,其中约18%的都市圈治理机构拥有立法权[4]。尤其在法国、爱尔兰、荷兰、新西兰、葡萄牙、瑞士、瑞典等国家,所有都市圈都拥有治理机构;美国、德国等国家约80%以上的都市圈拥有治理机构。经济合作与发展组织(OECD)进一步分析表明,有治理主体的大都市地区人口密度更大,人均国内生产总值(GDP)更高,吸引了更多的人。

但关于这一治理平台的管辖以及权力范畴,在理论上与实践上都有不同的讨论。从理论上来说,根据政府参与权限的大小,理论上可分为都市区政府理论、多中心治理理论和新区域主义理论。都市区政府理论又被称为"区域主义",这一学派是美国的改革派,主要提出了构建都市区政府的构想,通过市县合并,将周边地区纳入中心城市管理,从而建立一体化的治理结构,都市区政府统筹安排区域的各项公共事务;多中心治理理论由公共选择学派提出,他们主张多个地方政府充分竞争,强调地方政府的自治,通过设立各种专区,鼓励公民按照个人偏好用脚投票,以更好地满足多样化的社会需求,并积极为都市区治理提供协作支持;新区域主义理论主张在区域发展的过程中,打破传统政府单一主导的方式,以跨界公共事务治理为出发点和立足点,通过区域型网络合作,实现都市区协调发展和整体利益的最大化。

但不同的国家或都市圈治理机构之间的差异非常明显,从最初传统区域主义倡导的"集权式"再到强调多部门合作的多中心理论和新区域主义理论,在各个国家都能找到不同的思想例证。从组织结构集权到松散,行政权力从大到小可以分为:① 成立都市圈政府替代其他市际政府行使城市治理权力。这种方式最为集权,但也相对少见。这一类型的都市圈政府统筹管理全域所有行政事务,行政体系精简,政策执行力强。② 市级政府和都市圈政府并行存在,分工负责区域的部分职能。③ 市际联合行政机构。这一类型较为常见,根据他们负责的事务类型可分为单一职能和多重职能。④ 市际政府之间的非正式合作。这一类型以短期或长期的委员会、工作组和协会等形式为主。这类协同机制易于组建,通常仅作为商议、沟通的平台,没有监督决策的权力[2]。

2.4 我国都市圈协同治理对策建议

2.4.1 都市圈规划范围划定不宜过大

在规划审批工作中,注重引导各省市树立"都市圈规划范围不宜过大"的理念,注重与城市群规划的尺度协同。国家发展和改革委员会与自然资源部制定的 1 h 通勤圈标准是符合中国国情的,应作为规划审批的基准。具体来说,一是对于正欲研究出台都市圈规划的省市,应以 2019 年《国家发展改革委关于培育发展现代化都市圈的指导意见》为标准,遵循都市圈作为通勤圈或同城化城市功能区的客观规律,科学划定都市圈的空间范围,防止范围过大,做到都市圈—城市群的尺度协调。二是对于已通过规划的都市圈,建议根据通勤标准进一步划定其中的核心区,作为都市圈的实质性建设区域,以便集中力量、强化核心,完善通勤交通设施,支撑起同城化的城市功能运转。三是建立动态调整机制,比如,都市圈范围可以随着交通技术的进步而有所扩大,也可以根据都市圈实际的通勤联系紧密程度动态调整,但不能偏离过大。

2.4.2 尽快建立都市圈范围的统计分算口径

建立都市圈范围的统计口径,促进都市圈的成员城市形成"工作合力"。美国、日本等发达国家都市圈划定的目的之一就是服务统计部门,把都市圈作为功能性城市层面的统计单元。当前我国政府绩效考核以行政范围的统计为基准,各个行政区为了自身利益的最大化很难实现真正意义上的协同。作为较小尺度的跨政区功能地域,都市圈可率先探索新的经济统计分算方式,即建立都市圈统计口径。这将有助于把都市圈内不同城市政区的绩效进行整体考核,探索土地、人口、经济产出等统一管理方式,弱化恶性竞争,激励政区之间构建目标共同体,促进协同发展。

2.4.3 加强都市圈特征视角的区域协同治理

在各省市都市圈规划的内容中,充分体现通勤圈性质,具体明确都市圈特征视角下的"五大重点协同工作":① 在交通协同方面,都市圈重点需要建设突破行政边界的通勤交通联系,构建城际多模式的通勤交通网络,最终实现一体化的职住平衡区域。目前在我国都市圈交通协同的问题上,更需重点关注发展进程中的突出短板,即轨道层级缺失,尤其是城际高速通勤铁路的缺失。② 在产业协同方面,都市圈由于地理的邻近性和通勤联系等特征,相较于更大尺度的城市群区域,经济发展方面的协同重点应该存在差异。由于都市圈尺度的集聚外部性效应集中于劳动力池和知识外溢效应,因此需要重点关注都市圈协同创新能力、建设统一的劳动力市场。此外,相较于更大尺度的城市群,都市圈内部更关注区域在价值链上某个节点产业集群的培育,以及企业内部部门之间的协同关系,而非整个价值链的完善。③ 在空间协同上,都市圈作为一个城市整体,重点在于就业区域和居住区域的合理布局安排,从而形成便捷的通勤一体化区域。空间协同机构应该充分了解并关注当地的区域成长阶段,顺应都市圈空间发展的规律,尤其需要关注中心城市与周边郊区的开发时序关系。当前我国大部分都市圈处于发展的起步阶段,需要重点强调中心城市的增长极作用;而较为成熟的都市圈,要关注培育外围郊区新城的反磁力作用。④ 由于都市圈的地理尺度小于城市群,在环境治理问题上主要关注对都市圈内部跨界土地利用、绿色开敞空间、固态废物等较难移动资源或污染物的统筹治理,以及大气与水域环境的近域治理。由于都市圈内部中心城市的数量较少,在环境治理过程中应该发挥中心城市的核心领导作用。此外,都市圈所涉及的跨界区域相较于城市群更少,可以作为协同合作的试验区。比如尝试先在都市圈层面建立统一、高效的环境监测体系、跨政区联防联控机制、生态补偿和环境损害赔偿机制等。⑤ 公共设施与服务的重点在于突破行政城市的户籍制度限制,实现基础设施统筹和共享、公共服务均等化和同城化,有助于实现地区公平。

2.4.4 尽快完善跨界协同机构,保障政策执行

尽快组织建构完善的、有监督执行政策权力的都市圈协同机构,助力都市圈协同的有效实施。考虑到中国自身的发展背景和本地政府的情境,也需要因类施策。根据地方政府权力和能力大小,可根据需要分为几种不同的都市圈类型。① 在我国大部分地区,可首先尝试设立市际联合协商的行政机构,并赋予都市圈规划与政策相应的法律地位,以保障其实施执行。② 根据具体都市圈的需要,就某一单一职能事物设立专门统一的协同管理机构,地方政府授予其相应的财权和事权。③ 在更高一级政府(如中央政府)的监管下,设立区域统一管理机构,统筹安排区域事务。

(执笔人:张婷麟、孙斌栋)

第2章注释

① 参见2022年《上海大都市圈空间协同规划》。
② 参见中国城市中心微信公众号《全球都市圈空间协同治理机制建设的实践经验》。

第2章参考文献

[1] 罗海明,张媛明. 美国大都市区划分指标体系的百年演变[J]. 国际城市规划, 2007,22(5):58-64.

[2] 王德,顾家焕,晏龙旭. 上海都市区边界划分:基于手机信令数据的探索[J]. 地理学报,2018,73(10):1896-1909.

[3] 张婷麟,孙斌栋. 全球城市的制造业企业部门布局及其启示:纽约、伦敦、东京和上海[J]. 城市发展研究,2014,21(4):17-22.

[4] AHREND R,GAMPER C,SCHUMANN A. The OECD metropolitan governance survey:a quantitative description of governance structures in large urban agglomerations[M]. Paris:OECD Publishing,2014.

[5] 荣朝和,罗江. 日本铁路"东京都市圈通勤五方面作战"转型服务启示研究[J]. 铁道运输与经济,2020,42(3):1-6,23.

[6] 程楠,荣朝和,盛来芳. 美国交通规划体制中的大都市区规划组织[J]. 国际城市规划,2011,26(5):85-89,108.

[7] ROSENTHAL S S,STRANGE W C. The determinants of agglomeration[J]. Journal of urban economics,2001,50(2):191-229.

[8] 礼莱. 美国地方政府的产业政策[J]. 外国经济与管理,1991,13(10):21-24.

[9] FRIEDMANN J R. Regional development policy:a case study of Venezuela[M]. Cambridge:MIT Press,1966.

[10] 张晓明,连欣. 新一轮都市圈规划编制创新思考[J]. 中国经贸导刊,2021(4):4-6.

[11] 武廷海,高元. 第四次纽约大都市地区规划及其启示[J]. 国际城市规划,2016, 31(6):96-103.

[12] 陶希东. 美国大都市区"政府跨界协作"的经验与启示[J]. 城市观察,2020(4):77-87.

[13] 陈宁. 纽约市环境治理与都市圈环境合作对上海市的启示(1881—2015)[C]//周冯琦,汤庆合,任文伟. 上海资源环境发展报告(2016):长三角环境保护协同发展与协作治理. 北京:社会科学文献出版社,2016:246-264.

第2章图片来源

图2-1、图2-2源自:笔者绘制.

3 长三角城市群干部异地调任与府际合作

近年来,长三角地区经过探索与完善,区域经济联系愈加紧密,城际合作范围和规模也在不断扩大,逐步建立了一系列区域协调机制。然而,面对长三角更高质量一体化的要求,目前仍存在城市间合作水平有待提高、地方市场分割和制度壁垒有待进一步打破等问题,需要进一步找到优化路径和解决方案。

在我国,政府在应对区域与城市发展问题中发挥着重要作用[1]。为加强长三角城市间的联系,各城市政府间越来越重视彼此间的交流与合作,从而达到跨行政区域治理、打造区域共同体的目的。其中,干部异地调任和府际合作是以政府为主导的两种典型措施。一方面,作为干部管理的重要形式[2],异地调任使得干部能够在长三角地区内部交流任职。这种交流不仅是城际要素流动的一种直观表现形式,而且影响着城市间资源的潜在流动。他们作为桥梁为地方政府提供了更直接、有效的信息沟通路径,有利于提升两地政府之间的信任程度,为城市间在不同领域、不同形式上的合作提供了可能。另一方面,随着区域一体化发展需要,区域内部靠城市间的合作能够提高产业分工的生产效率和生产要素的流动频率[3]。其中,尤以政府为主导的合作更为高效[4]。因此,以党政交流、活动组织、签署协议等为代表的府际合作是长三角一体化背景下城际要素整合的重要形式,对于推动城市群一体化建设起着重要作用[5]。

虽然均为推动长三角一体化的有效手段,干部异地调任与府际合作间存在着潜在的相互影响;厘清二者间的相互影响对于制定推动区域一体化的措施具有重要意义。据此,本章探讨长三角城市群干部异地调任和府际合作间的关联性,并细分领域和类别调查这种关联性存在的异质性,以期为推动长三角更高质量的一体化提供新思路。

3.1 区域一体化背景下的干部异地调任与府际合作

我国经济的迅速发展与特有的政治体制密不可分。其中,干部异地调任制度已被证实具有促进地方经济增长和良好政策的区域扩散功能[6-8]。调任的干部在不同城市的交流任职可以通过经济体制改革、改善地方基础设施、招商引资、推动跨城的合作[9-10]等多种举措加强区域间的联系,从而对当地的经济发展产生积极影响,亦能够推动创新发展模式的城际扩散。就长三角地区而言,干部在长三角区域内的异地调任对于推动长三角城市的经济、政治、文化发展与区域竞争力均具有重要作用。首先,经济绩效是我国地方干部主要的晋升考核标准[6];在晋升锦标赛的激励下,异地调任的干部倾向于利用自己的差异化竞争优势,选择与原任职城市建立合作来推动现任职城市的经济发展[6]。其次,异地调任的干部为寻找工作突破口,适应新的环境与工作[11],有可能选择去其他城市进行城市管理经验的学习与交流。再者,异地调任的干部也会出于个人偏好的动机,譬如对于出生地、母校、长期任职地等成长土地具有特殊的"身份认同"情感,从而与这些地区建立合作关系[12-13]。最后,为了响应"推进长三角一体化"的国家战略要求,地方政府会与区域内的城市建立干部交流机制,积极推动促进区域一体化的措施落地。

鉴于政府在城际多元要素流动中存在积极的协调、引导作用[14],府际合作是长三角地区实现区域一体化发展的重要基础[2]。进一步来看,横向的地方政府间关系可以推动城市间在经济利益上达成共赢,整合区域优势,促进城市间的互惠互利。已有研究发现,长三角地区府际合作所涉及的合作领域、合作层面、合作方式都越来越广泛,这些合作为长三角地区长期、快速、健康的发展奠定了夯实的基础[15]。然而,现有政府间的合作也存在相对低效问题,主要是缺少上级机构对区域进行统一协调;另外,地方政府的绩效考核、制度等原因都可能导致合作成本过高、风险过大[16]。

3.2 干部异地调任和府际合作的潜在关联性

3.2.1 政治锦标赛的激励效应

在政府干部的人事流动逻辑中,干部跨区域的任职主要由上级政府自上而下地安排,以丰富干部工作经验、锻炼工作能力。已有研究表明,高级职位的干部通常拥有丰富的地方工作经历,参与过异地调任的干部容易获得更好的职业前景[17]。在政治锦标赛中,晋升的绩效考核主要依赖可测度的经济指标,取得经济绩效越好的地方干部越有可能被提拔,这导致被派遣进行调任的干部积极推动任职地的经济发展项目,以期获得优异的工作绩效。同时,由于参与异地调任的干部一般任期较短,为了在任期内快速提高当地的经济发展水平,干部更倾向于寻找"耗时短、见效快"的发展路径。其中,与其他城市开展城际合作便是一种常用方式。到新任职地的交流干部往往需要用到自己之前任职所积累的资源、经验等来拉动经济的发展,因此更倾向于同以往任职城市进行合作交流,吸引外部投资[18]。

3.2.2 流畅的信息传递通道

政府之间的信息沟通主要是条状的上下级纵向交流,即中央政府和地方政府间的垂直交流。由于行政区划分割的限制,同等级城市、政府部门之间存在的竞争关系等原因都导致了城市间缺乏横向间的信息沟通,这种地方政府间的信息不对称致使政府难以合理识别、选择可以合作的地方政府及合作领域。同时,由于信息不透明和缺少信任,地方政府间容易形成一张内部关系网,形成地方保护主义[19],使城市间的合作变得更加困难。此外,由于地方政府间不存在上下级管理关系,彼此交流沟通的成本往往比纵向交流高得多,即使开展了合作,也会因为缺乏权威的约束性而出现合作效率低下。譬如山东莱芜和济南早年间计划形成交通一体化的目标,但是由于领导小组中的正副组长都是市长,彼此之间缺乏强约束力,这项计划最终以失败收尾[4]。与之相比,干部异地调任制度能够为地方政府横向间的合作与交流提供新的路径,为城市间建立更为直接有效的信息沟通路径。另外,干部对曾任职过的城市信息了解得比较透彻,可以根据城市的不同发展条件与要求,牵动和匹配城市之间的合作,加强交流与互动。因此,异地调任制度有助于打通城市间的信息壁垒,打破地方政府的内部关系网,增进城市政府之间的信任度,促成城市间更高效的交流与合作,有效引领地方政府之间从竞争关系走向竞合关系,带动一体化的发展。类似地,城市间的项目合作也会促进两地之间的干部流动性。譬如,上海出于对口新疆支援的工作需要,一直以来都会指派上海的干部去新疆地区任职,进一步巩固和加强了上海与新疆之间的联系纽带。

3.3 长三角城市群干部异地调任网络与府际合作网络

3.3.1 干部异地调任的网络模式

异地调任制度作为我国党管干部的政治制度之一,干部的调任行为在很大程度上是出于政治管理的目的,因此城市行政属性对于干部异地调任的网络模式至关重要。另外,省级干部任职地点通常会在省会城市,这可能会导致省会城市发生调任的频次会相对较高。同时,行政区划、组织安排、个人意愿等因素也会影响干部异地调任的网络特点。其中,副厅级的干部一般来说多数属于省管干部(由省委组织部任免的干部),这意味着这些干部的异地调任行为更容易发生在省份内部,而较少存在跨省调任的情况。另外,省界很多是以自然地理条件为基础,兼顾地方文化的统一性而划分出来的,相似的地理环境、地方文化使得省份为干部管理的主要行政单元,为便于管理和操作,干部一般在省内进行调动。

本节以 2018—2019 年长三角 41 个城市中副厅级及以上的干部异地

调任经历为样本,刻画干部异地调任的网络模式。根据图 3-1 可以基本验证上述假设:① 作为省会的杭州、合肥、南京在干部调任频次上拥有最高值,体现出省会城市对于干部异地调任行为的"吸引力";② 干部异地调任行为存在明显的区域性,具体表现为以省为单位形成了三个明显的网络组团。

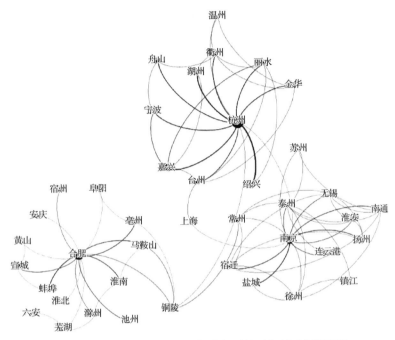

图 3-1　2018—2019 年长三角城市群的干部异地调任网络

3.3.2　府际合作的网络模式

本节所指的府际合作是指有城市政府参与并扮演主导角色的合作项目,这种城市间的联系不同于干部异地调任,合作更多的是基于双方城市的主观意愿,且通过交流访问、活动会议、城际协议等多种方式形成联系。因此,府际合作的城市网络密度应当明显高于干部异地调任网络。同时,府际合作大致可以分为经济发展、社会发展、制度合作、资源与环境发展四类合作,大多是基于城市彼此间的共同利益需求,譬如苏州与上海、嘉善引领协同治水的合作等。因此,城市发展水平是城市挑选合作城市时的重要考量标准。其次,地理邻近性也是城市间合作的考量因素,譬如苏州与上海在地理上的邻近性更容易促进两个城市间的交通基础设施互联互通,从而形成更为通达的交通网络。

采用 2018—2019 年长三角 41 个城市政府官网发布的府际合作新闻数量,描绘府际合作的网络模式。根据图 3-2 可以发现,结果与我们的假设基本一致:① 府际合作网络的城市间联系强度与网络整体密度都明显高于干部异地调任网络;② 上海以绝对优势占据网络核心位置,同样具有高合作频次的是常州、南京、苏州、杭州等经济较为发达且位于长三角核心区的城市;③ 省内城市对与跨省城市对的数量相当,府际合作网络体现了地理邻近性的优势,南通和上海、马鞍山和南京、上海和宁波、常州和苏州等城市对都是典型代表;④ 远离长三角核心区的一些边缘城市参与度较低,譬如亳州、阜阳、台州等。

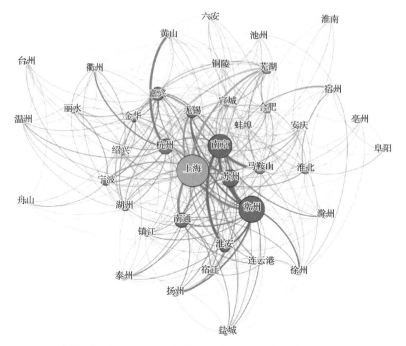

图 3-2　2018—2019 年长三角城市群的府际合作网络

3.4　不同类别干部异地调任与府际合作的关联性

本节首先针对不同领域、形式、主体的府际合作以及职级变化、职级的干部异地调任进行分类讨论,并分析不同类型的干部异地调任与府际合作之间的关联性。

3.4.1　合作领域

根据合作的具体内容可以将合作数据划分为社会发展、经济发展、制度合作、资源与环境保护四个种类。具体来说,社会发展主要包含安全防灾、教育、科学文化娱乐、社会福利、医疗等合作;经济发展主要是关于产业发展、基础设施建设等领域的合作;制度合作主要牵涉城市管理、党政交流、规划编制等方面;资源与环境保护则是指资源保护、环境保护相关领域的合作。

地方政府之间的合作基础是谋求共同利益,一般来说,经济利益是最核心的利益[20]。因此,在四种不同的合作领域中,经济发展领域的合作数量占比较大。而资源与环境保护领域的合作多出于资源环境保护的实际需要,从而促使沿江、沿河等城市之间进行治理经验的学习互助或共同治理,因此在数量上会相对较少一些(图3-3)。

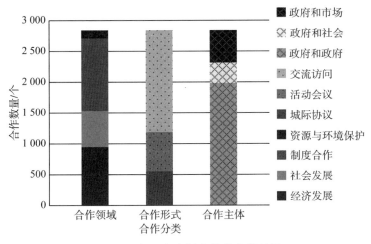

图3-3 长三角府际合作的分类结果

不同合作领域所关注的利益重点有所不同,譬如社会发展领域的合作注重社会效益,经济发展领域的合作则更注重经济利益等,因此不同合作领域与干部异地调任之间的关联性会有所差异。在社会发展领域,其更突显的是政府合作背后"非正式制度"的关系,并且相比环境治理、空间规划等受到地理环境的限制少,异地调任的干部更容易对任职过的城市进行"照顾",促成城市间的合作。在制度合作领域,其主要表现为干部在城市间进行城市管理工作的合作和党政交流,譬如干部前往任职过的城市进行工作经验的学习和交流,因此干部异地调任可能会促进干部牵动新旧任职地之间的合作。在资源与环境保护领域,响应国家生态保护政策的目的或提升绩效评估的需求,会促使干部积极推动对城市间共同区域环境的治理保护、向其他城市学习改善环境的成功经验等,从而使得城市间进行密切联系。然而,在经济发展领域上,发展水平相当的地方政府在绩效评估时往往处于利益对立面,合作所带来的效益未必能够"锦上添花",这导致地方政府的竞争意愿很可能大于合作意愿[21],因此异地调任干部对经济领域府际合作的意愿会相对弱一些。

表3-1提供了不同类型干部异地调任与府际合作的相关性结果,可以看出不同合作领域与干部异地调任确实具有关联性且存在异质性。在四种合作领域中,社会发展、制度合作、资源与环境保护领域的府际合作均与干部异地调任具有显著的关联性。其中,干部异地调任与社会发展领域的合作关联程度最高(0.209),且无论何种形式的干部异地调任都与社会发

展领域的合作存在关联性,可见干部异地调任会促使社会发展领域的城际交流更密切或开展此类合作的可能性越大。另外,经济发展领域的合作在数量上的确占比较高,但与干部异地调任的关联性并不显著。

表 3-1 不同类型干部异地调任与府际合作的相关性结果

府际合作	干部异地调任类型					
	省部级	正厅级	副厅级	平调型	晋升型	全部调任
社会发展	0.092*	0.140**	0.207***	0.223***	0.138*	0.209***
经济发展	0.056	0.060	0.083	0.091	0.062	0.063
制度合作	0.047	0.118*	0.142*	0.175***	0.079	0.150***
资源与环境保护	0.071	0.031	0.103*	0.121*	0.032	0.085*
城际协议	0.055	0.097*	0.116*	0.134*	0.081	0.126*
活动会议	0.095*	0.148***	0.155***	0.192***	0.112*	0.178***
交流访问	0.049	0.076*	0.133*	0.146***	0.073	0.129*
政府和政府	0.087*	0.136***	0.184***	0.216***	0.110*	0.193***
政府和社会	0.033	0.030	0.070	0.072	0.039	0.065
政府和市场	0.033	0.082	0.088	0.094*	0.075	0.097*
全部合作	0.074	0.118*	0.162***	0.186***	0.101*	0.169***

注:*** 表示显著性概率 p 值 <0.01;** 表示 p 值 <0.05;* 表示 p 值 <0.1。

3.4.2 合作形式

府际合作项目可以按合作形式分为交流访问、活动会议、城际协议这三大类。面对区域一体化发展所催生出的诸多跨区域事务,长三角城市群间的合作愈发深入,不同合作形式间会混合交织。不过,不同的合作形式在各种府际合作中发挥的作用有所区别。本章以主导合作的基础形式作为判断依据,对合作形式进行分类。

就实践的难易程度来说,相对于其他两种合作形式,交流访问是三种合作形式中最容易实现的,通常以两地相同部门之间的学习参观、交流经验为主。如前图 3-3 所示,交流访问确实是城市之间进行府际合作所采用的最常见形式,活动会议与城际协议的合作数量相当。但是,干部异地调任未必更倾向以交流访问的形式进行合作。一般来说,交流访问更依靠参与主体的自主选择而建构的合作关系,但缺乏一些约束性,导致合作的执行力度难以保证。城际协议的合作关系主要依靠市场思维的契约机制,通过签订协议、相互配合使得合作更具规范性,但合约协议等约束使得此类合作缺乏一定程度的灵活性。活动会议(譬如联席会议、艺术节活动等)凭借自由意愿构建合作意向,与由上级政府或领导机构牵头的传统交流路径不同,此形式使双方城市具有自由发挥的可能性。另外,活动会议形式的合作关系通过开展活动、组织联盟等形式约束合作规范进行,可以降低背弃合作、协调困难等风险,使得该形式兼具自由性与规范性,以保证合作的顺利推进。因此,对于关注合作效益与效率的政府来说,活动会议形式的合作,实践性强,倾向于同干部异地调任具有更强的关联性。将不同形式的合作与干部异地调任的关联性进行了测度与对比,发现干部异地调任与以上三种形式的合作都有显著相关性,但是干部异地调任与活动会议形式的合作有更强的关联性(0.178)。

3.4.3 合作主体

按参与主体的不同,府际合作还可以分为政府和政府、政府和市场、政府和社会三类。对于合作来说,各个城市是秉持"自愿参与,互利共赢"的原则,因此合作双方为了提高合作效率,避免建立合作前"讨价还价"而导致的效率损失[21],政府会更倾向于选择自己熟悉的政府主体进行合作,而不大费周折建立新的合作关系。前图3-3的分类结果也显示,政府和政府为主体参与的合作数量占据大多数,其他两类合作总共仅占三成。

类似地,在与干部异地调任的关联性方面,干部异地调任应该更容易促进政府和政府为主体合作。一方面,干部异地调任加强了两地政府之间的联系纽带,但未必会和两个城市的社会主体(如大学)、市场主体(如集团)等建立直接联系。从合作的高效率角度考虑,异地调任的干部会与过往任职城市的政府部门开展合作。另一方面,出于地方保护主义等原因,面对涉及社会、市场的合作,地方政府可能更倾向于选择本地资源进行合作,更方便进行面对面交流。根据前表3-1可知,干部异地调任和政府参与度更高的合作(政府和政府)更容易产生密切联系(0.193)。

3.4.4 干部职级与职级变化

根据干部的任职经历,干部职级可以分为省部级、正厅级、副厅级三类;按级别变化与否,职级变化可以分为平调型、晋升型两类。由于干部层级的金字塔结构,随着职级的增高,职位越少,因此副厅级干部调任和平调型的干部调任数量最多(图3-4)。

从干部职级方面来看,厅级干部应该更能促进城市之间的合作。对于城际合作而言,省部级的干部更多的是对城际合作项目进行规划与指导,而合作的落实往往由地级市层面的厅局级(正厅级、副厅级)干部进行具体施行。因此,平调型的调任和厅局级干部的调任更容易与城市间的合作有关联。从职级变化方面来看,干部的异地调任往往带着增强工作积累、提高政绩的内在动力,因此平调型的干部更有动力促成城市间的合作项目,

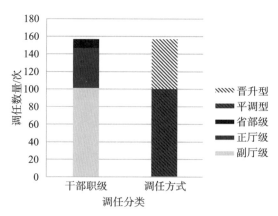

图 3-4 长三角干部异地调任的分类结果

譬如奔赴异地招商、前往别的城市进行参观学习等。另外,晋升型调任的干部可能出于避嫌的原因,其促进城市间合作的意愿程度相对较低。为了验证假设,将异地调任的干部数据分类别与府际合作进行关联性测度。如前表 3-1 所示,就干部职级而言,厅级干部与城际合作也存在显著的关联性,且副厅级干部调任的影响力更大一些(0.162);就职级变化而言,平调型和晋升型的干部调任均与府际合作存在关联性,且平调型的调任对府际合作的影响力更大一些(0.186)。

3.5 推动长三角一体化的政策举措

3.5.1 加强对干部异地调任与府际合作的学术研究

干部异地调任和府际合作是政府用来促进城市间紧密联系的有效手段,对于推进长三角更高质量的一体化发展具有重要意义。因此,未来学术研究应当综合考虑长三角各城市的行政区划、地理位置和城市性质等条件,基于政府管理层面,从干部的异地调任中挖掘出潜在的城际联系,增强城市间的交流与沟通,对干部异地调任与府际合作的关系展开充分研究,进而更合理地对异地调任进行安排,同时也为城际合作提供更明确的方向。首先,应当厘清干部异地调任和府际合作所形成的网络模式,针对两种联系的不同特点,提出进一步优化城际网络的举措。其次,需要科学研究干部异地调任与府际合作之间的联系,厘清不同类型的调任和合作关联的因果关系与路径差异性。

3.5.2 优化政府在府际合作中的主动性

政府职能的转变对于促进区域间的交流与联系有积极作用[22]。应当强化地方政府在长三角一体化过程中的引导、管理及监督作用,为城市间的合作提供良好的环境与政策,促进区域间的交流与合作。

首先,应当强化政府与异地市场、社会的合作。以往,政府更倾向于与政府进行直接合作,与异地市场、社会的合作较少;而政府与市场间的良性互动是推动区域一体化发育的关键。

其次,强化地方政府对于社会领域的主导作用。目前,政府间的合作主要在经济发展领域,而当城市群进入更高质量的发展阶段时,人民群众对于公共服务、生活环境会有更高的要求,这意味着地方政府应该对社会发展领域、资源与环境保护领域等府际合作给予更高的关注度和更大的投入度。除了以党政交流为代表的府际合作外,地方政府应当积极主动地到其他地区进行学习与交流,以提高公共产品的服务水平;基于各城市不同的区位条件、自然资源优势等,以可持续发展为目标对资源进行跨区域的开发与保护;统筹相邻城市间的基础设施建设,突破行政区划形成的省界壁垒,提高长三角城市群之间的联通水平;以联合开展文化会演、艺术展览等方式,交流不同城市间的文化观念,形成共存共生的文化理念,增强区域一体化的文化认同感等。

最后,强调府际合作形式的多样化。目前,地方政府通过城际协议、座谈会、文化艺术节、拜访交流等多种形式促进了城市间的交流与联系。除了进一步加强现有的区域合作形式外,还可以针对城市的具体情形对合作方式进行创新,譬如针对具有相同环境问题的城市,可以在实地调研学习的基础上结为短期互助联盟,进一步优化合作治理的效果;对于资源优势互补的城市,可以结为长期合作伙伴,制定更具针对性的合作发展战略等。总之,通过城市的不同特点与发展需要,采用不同的形式进行因地制宜地合作,加强合作的实践性,共同提升区域的整体竞争力。

3.5.3 进一步赋权长三角合作协调机构

在长三角一体化的过程中,城市间的府际合作多以交流访问的形式进行,且主要合作领域仍在经济效益层面,说明城市间的联系紧密度仍需提高。政府间的密切交流与合作能够为城市资源、人口等要素在各个行政区域间进行自由流动提供更高程度的便利。因此,为了进一步加强城市间的联系紧密度,除了强调合作在多领域、多形式开展以外,还需要有专门机构承担起促进区域间协调发展的责任。譬如,长三角区域合作办公室就是由上海、江苏、安徽、浙江抽调人员,为了促进长三角一体化的高质量发展而组建的。未来应进一步设立并赋权类似的长三角合作协调机构,建立具有包容性的区域协调机制,突破行政区划的壁垒,降低城市间的合作沟通成本,为城市间的合作提供有力保障,进而推动区域间合作的顺利进行。

3.5.4 提升干部异地调任的频率

在长三角一体化过程中,干部异地调任的密度相对于府际合作来说明显较低,而根据实证结果,干部异地调任与府际合作存在关联性,这两种城际联系过程均能够提高城市间的信息流畅度,为长三角一体化的发展提供坚实保障。

尽管干部异地调任和府际合作都属于政府主导的城际联系行为,但不同的是,干部异地调任隐含着纵向的政府关系,比府际合作更具有强制性。当两个城市间的自愿合作动力不足时,带有纵向介入性质的干部异地调任则可以为两个城市政府提供沟通与交流的机会。同时,干部将异地调任看作一次长期的学习与交流经验,为两个城市间创造了交流机会,在一定程度上减缓了行政区划壁垒对城市间要素流动的阻碍。因此,进一步完善干部异地调任制度,适当提高干部调任的频率,选派合适的干部到不同城市进行学习与历练,通过交流经验创新政府治理举措,优化城市间的关系,促进区域一体化发展。

总而言之,长三角一体化发展虽然已经取得了显著的成效,但与实现高质量一体化的发展目标仍存在一段距离,而以政府为主导的城际联系是加快长三角一体化进程的重要基础。应当厘清干部异地调任与府际合作之间的关联性以及二者对长三角一体化的重要意义,进而制定适合长三角一体化发展特点的干部异地调任制度;并从干部异地调任的角度推动城际合作项目的实施,为城市间的深入交流提供更多的机会。

(执笔人:张维阳、唐可欣)

第3章参考文献

[1] 陈剩勇,马斌. 区域间政府合作:区域经济一体化的路径选择[J]. 政治学研究,2004(1):24-34.

[2] 王贤彬,徐现祥. 地方官员来源、去向、任期与经济增长:来自中国省长省委书记的证据[J]. 管理世界,2008(3):16-26.

[3] 涂然,王新军. 城际合作是长三角一体化发展的基础[J]. 环境经济,2019(1):49-51.

[4] MIAO T T, JU H. Leading small groups in China's inter-city governmental cooperation[J]. International journal of public leadership,2020,16(2):249-264.

[5] 毛艳华,杨思维. 粤港澳大湾区建设的理论基础与制度创新[J]. 中山大学学报(社会科学版),2019,59(2):168-177.

[6] 张军,高远. 官员任期、异地交流与经济增长:来自省级经验的证据[J]. 经济研究,2007,42(11):91-103.

[7] 张树忠,朱一鸣. 地市级官员交流与经济增长:来自市长、市委书记交流的证据

[J]. 郑州航空工业管理学院学报,2014,32(2):115-120.
[8] 赵忠涛. 中国官员异地交流与区域创新关系的研究:基于省委书记、省长异地交流的证据[J]. 研究与发展管理,2019,31(5):148-158.
[9] 魏建,王安. 中国的市场一体化进程:官员交流的作用[J]. 经济与管理研究,2016,37(6):27-35.
[10] 王贤彬,徐现祥. 官员交流驱动外商投资[J]. 中国经济问题,2017(3):88-100.
[11] 王贤彬,徐现祥,李郁. 地方官员更替与经济增长[J]. 经济学(季刊),2009,8(4):1301-1328.
[12] 曹春方,张婷婷,范子英. 地区偏袒下的市场整合[J]. 经济研究,2017,52(12):91-104.
[13] 徐现祥,李书娟. 官员偏爱籍贯地的机制研究:基于资源转移的视角[J]. 经济研究,2019,54(7):111-126.
[14] 张学良,李培鑫,李丽霞. 政府合作、市场整合与城市群经济绩效:基于长三角城市经济协调会的实证检验[J]. 经济学(季刊),2017,16(4):1563-1582.
[15] 马捷,锁利铭. 城市间环境治理合作:行动、网络及其演变:基于长三角30个城市的府际协议数据分析[J]. 中国行政管理,2019(9):41-49.
[16] 任晓林,葛晓龙. 近20年长三角城市群府际协作中集体行动的困境及其优化[J]. 广东行政学院学报,2020,32(6):5-15.
[17] 周黎安. 转型中的地方政府:官员激励与治理[M]. 上海:格致出版社,2008.
[18] 刘本义. 党政领导干部交流的实践与探索[J]. 组织人事学研究,1998(3):8-10.
[19] 周业安. 地方政府竞争与经济增长[J]. 中国人民大学学报,2003,17(1):97-103.
[20] 彭忠益,柯雪涛. 中国地方政府间竞争与合作关系演进及其影响机制[J]. 行政论坛,2018,25(5):92-98.
[21] BAI Y, LI Y. Political tournaments and regional growth-enhancing policies: evidence from Chinese prefectures[J]. Journal of regional science, 2022, 62(5): 1358-1385.
[22] 周雪光. 中国国家治理的制度逻辑:一个组织学研究[M]. 北京:生活·读书·新知三联书店,2017.

第3章图表来源

图3-1至图3-4源自:笔者根据唐可欣,张维阳. 长三角一体化背景下府际合作与干部异地调任的网络模式与关联性[J]. 地理研究,2023,42(12):3235-3247 绘制.

表3-1源自:笔者根据唐可欣,张维阳. 长三角一体化背景下府际合作与干部异地调任的网络模式与关联性[J]. 地理研究,2023,42(12):3235-3247 绘制.

4 政府与市场在跨区域重大基础设施建设中的作用：以洋山深水港为例

一直以来，政府与市场的关系始终是中西方经济学领域高度关注的主题，也是中国特色社会主义市场经济探索进程中的核心问题。港口企业关系国计民生和国家安全行业，虽进行了混合所有制改革，但仍然以央企和地方国有企业为主导。洋山深水港建设历程可谓跨省域政府合作的典型。

本章梳理了国内外经济学对政府与市场之间关系的研究，进而利用口述史料分析了在洋山深水港论证和建设过程中的各方诉求，探析了该项目如何打破行政区限制，促进跨界协调发展。通过洋山深水港这一案例的研究，探讨如下问题：跨区域建设重大基础设施，是以政府为主导还是以市场为主导？跨区域重大基础设施建设是否有不同的发展阶段，初期是政府推动，后期是市场主导？

4.1 西方主流经济学中的政府与市场

从经济思想史的演进历程来看，政府与市场关系的研究和争论始终是贯穿西方主流经济学发展的主线之一。

在古典、新古典经济学时期，主张自由放任市场经济的思想占据主流地位。以亚当·斯密（Adam Smith）为代表的古典经济学派坚决反对政府对自由市场的干涉，主张施行完全自由的竞争政策，他着重阐述了"看不见的手"的一般原理，认为追求私利是人性的本能，每个人对自身利益的追求会在这只"无形之手"的调节下，使社会利益增加[1-2]，而政府则扮演"守夜人"的角色，希望政府的干涉范围仅限于社会活动领域[3]。

从19世纪70年代到20世纪30年代之前，西方进入新古典经济学时期，其实质依旧奉行"古典经济学"的核心理念，宣扬经济自由主义。以马歇尔（Marshall）等为代表的新古典经济学（后被称为微观经济学）进一步发展了斯密"看不见的手"原理，从理论上得出"最有效率的资源配置方式为市场经济"。在微观层面，政府的作用主要是弥补市场失灵等微观规制方面[3-4]。

随着1929—1933年资本主义"大萧条"的爆发，凯恩斯学派的政府干预理论诞生了。凯恩斯（Keynes）摒弃了以"看不见的手"自动调节经济的主张，他认为市场自发活动将导致有效需求不足，而商品需求的减少是导致经济衰退的主要原因，主张国家通过强有力的扩张性干预政策来促进经济增长,认为有限的政府干预会提高市场经济效率[3,5]。

其后,新古典综合派出现,即新古典经济学理论与凯恩斯理论的结合[6]。1948年,萨缪尔森(Samuelson)在其经典著作《经济学》(*Economics*)中,力图用教科书的形式将两种理论综合起来,指出在长时期,资源充分利用且价格具有完全弹性时,倡导自由放任的市场经济,新古典经济学理论成立;在短时期,若经济中的资源没有充分利用,则主张政府干预经济,那么凯恩斯主义经济学成立。因而在新古典综合派看来,政府和市场是一种呈现"板块结构"的互补关系,但政府是从属于市场的[7-8]。

1970年西方资本主义国家经济停滞、失业及通货膨胀持续高涨的滞胀现象出现,使凯恩斯主义经济学陷入困境[6],同时政府的微观规制功能也因"规制俘获"、信息不完全等挑战面临规制失灵困境[9]。此时,新自由主义经济学开始涌现宣扬市场万能论,甚至否定政府的经济职能,其彻底推翻了新古典经济学赋予政府弥补市场失灵的从属地位,他们认为弥补市场失灵不是通过政府干预,而是要采取更市场化的手段[7,10]。新自由主义在政策和理论上倡导市场自行调节,肯定市场机制可以有效实现资源配置,继而主张经济的非调控化、完全自由化以及全盘私有化[11]。

不难看出,这些学派都片面强调政府与市场的对立,政府与市场的关系仅仅是你进我退、你强我弱的博弈[12]。综合来看,西方主流经济学关于政府和市场关系的观点主要有:第一,政府与市场呈现二元对立结构,即二者是"大小"或"强弱"的非此即彼的替代关系。此种基于两分框架给出政府与市场关系的解释,主要是从静态资源配置角度得出二者各自的职能范围和有效边界,其实质是一种"此消彼长"的竞争关系。第二,认为政府与市场是一种"外生关系",即市场为市场经济的内在秩序,是主动的、先发的,而政府作为市场的补充,是被动凌驾于市场之上的外生力量[7]。

4.2 中国政府与市场关系变革

中国政府与市场新型关系的建立是中国经济快速发展的关键,也是各国经济学家探究的热门领域[13-14]。

新中国成立之初,由于特殊的国际国内环境与政治背景,经济落后、百废待兴,我国形成了计划经济体制下的"全能型政府",主张政府对社会经济领域的全面渗透[15]。不可否认,在当时特殊的社会环境下,高度集中的计划经济体制的确帮中国快速恢复了经济,建立起较为完整的国民经济体系,但其自身存在的弊病很快便内生出了经济结构扭曲、人民积极性不高、生活水平停滞不前等一系列难以克服的问题[16]。为提高计划经济效率,权力在中央政府与地方政府之间曾进行过多次调整,但其排斥市场机制的局限性尚未改变[17-18],政府职能重塑成为社会经济持续健康发展的必然选择。

不同于西方的改革,改革开放以来中国政府与市场的关系经过了漫长的演化过程,调整优化政府与市场关系成为其核心[19],大致可分为四个阶段:第一阶段是改革开放之初到1992年,为计划和市场关系最初探索阶段,在社会主义计划经济体制内逐步扩大市场调节范围,以计划经济为主、市场调节为辅,这是陈云计划与市场关系思想的重要组成部分,他认为"市场经济部分"是次要的、从属的,并未从社会主义制度属性上肯定"市场经济"[20];第二阶段是自1992年正式提出社会主义市场经济改革目标到2013年党的十八届三中全会,为社会主义市场经济确认阶段,市场在国家宏观调控下对资源配置起基础性作用,即价格、竞争等因素在市场中自发决定,政府对市场干预不能违反价值规律要求;第三阶段为党的十八届三中全会到2017年党的十九大,可作为社会主义市场经济新界定阶段,即市场对资源配置起决定性作用和更好地发挥政府作用,两者"双管齐下",二者是相互联系、互为条件的,既不能用前者取代、否定政府的作用,亦不能用后者替代市场在资源配置中的决定性作用;第四阶段是党的十九大召开至今,是加快完善社会主义市场经济体制建设阶段,中国特色社会主义进入新时代,新形势、新要求促使我们必须进一步理顺政府与市场的关系,坚定不移地深化市场改革,不断在经济体制关键性、基础性重大改革上突破创新[21]。

2022年9月,中央全面深化改革委员会第二十七次会议再次强调,要健全关键核心技术攻关新型举国体制。在该体制中,政府既不是市场的代替,二者也没有明确的边界关系,而是各自集中力量、相互促进,充分发挥"两只手"的优势和长处,真正实现有为政府加有效市场的结合[22]。

回顾中国政府与市场关系的变迁过程,并不是简单的此消彼长,而是各自在不同层面发挥作用,甚至可以实现强政府与强市场相协同。一个有效市场的建立,离不开有为政府的支撑,有为政府可以畅通市场机制发挥作用的渠道。政府加大基础设施投资力度,能够降低商品流动和要素配置的交易成本,有利于提高市场资源配置效率。为应对国内外经济环境的不断发展变化,国家实施的政策红利也能增强微观市场主体活力。政府通过法律法规等监管措施,打击由于市场自发产生的破坏市场规则的行为,打破因市场垄断而形成的行业壁垒,为市场主体创造公平竞争环境,保障经济的有效运行[23]。由此可见,政府的有效组织、规制和动员是充分发挥市场对资源配置决定性作用的基础和前提。

4.3 洋山深水港南侧建设的论证过程、存在的分歧

洋山深水港是我国一项重大基础设施建设。该港所在的小洋山岛在行政关系上隶属于浙江省舟山市嵊泗县。上海市希望在属于浙江省的小洋山岛上建设洋山港南侧深水大港,不仅面临着相邻的浙江省和江苏省的不同意见,而且有来自交通部(现交通运输部)、国务院等中央的不支持。上海是如何克服行政区的限制,最终上马港口建设的? 对这个案例的分析,能折射出在中国特殊的国情下,政府与市场之间的关系是如何互动的。

4.3.1 20世纪90年代，东北亚的港口建设竞争激烈

改革开放之后，中国的空间发展战略重心重新回到东部沿海地带，进出口贸易快速增加，货物进出口总额由1978年的206.4亿美元上升到2000年的4 743亿美元，22年间增长了约22倍，特别是中国长期处于出超地位，货物出口额从1978年的97.5亿美元增加到2000年的2 492亿美元，增长了25倍（图4-1）。

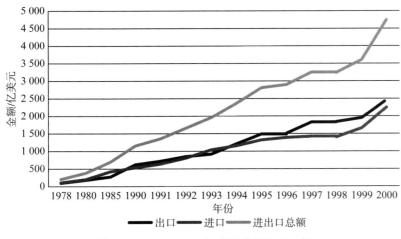

图4-1 1978—2000年中国货物进出口额

上海市的外向型经济蓬勃发展，进出口贸易也增长迅速，进出口总额由1990年的74.31亿美元上升至2000年的547.10亿美元，进出口总额相当于生产总值的比例由47.0%增加到94.1%（表4-1）。

表4-1 1990—2000年上海市进出口总额

年份	进出口总额/亿美元	进口总额/亿美元	出口总额/亿美元	进出口总额占生产总值的比重/%
1990	74.31	21.10	53.21	47.0
1995	190.25	74.48	115.77	63.1
2000	547.10	293.56	253.54	94.1

上海原有的港口都位于长江口以内，但此时的长江口和黄浦江水深并没有得到明显的改善，由于受到"拦门沙"因素影响，其自然水深最小处仅有7 m左右，最多只能让2万—3万t的船满载乘潮进出，而船舶的集装箱化和大型化汹涌而来。20世纪80年代末，全球远洋运输的主流船型是3 000 TEU左右的船只，但90年代之后，3 000—8 000 TEU的"超巴拿马型"集装箱船舶增长迅速，并成为远洋运输的主流船型。要满足"超巴拿马型"集装箱船舶的挂靠，港口必须具有15 m水深的航道和码头，否则只能

作为东亚其他枢纽港的支线港。

与此同时,上海周边的港口建设日趋激烈。日本的神户港提出要建设"亚洲母港",韩国的釜山港提出要建设"21世纪环太平洋中心港",中国台湾地区的高雄港提出要建设"亚太营运中心",等等[24]。特别是釜山港,在1995年集装箱吞吐量已达450万TEU,成为世界第五大集装箱枢纽港。该港计划增建4个水深15 m、总长度为1 400 m的泊位以及后方堆场,使该港的集装箱年吞吐量再增长120万TEU。为了配合釜山港的开发建设,光阳港也积极进行扩建工作,总投资达15亿美元,包括12个集装箱专用泊位,8个"超巴拿马型"船专用泊位以及4个支线船专用泊位等,上述工程每年将为光阳港增加120万TEU[25]。

20世纪90年代初,上海港的国际集装箱年吞吐量只有50万TEU左右,而同期的中国香港地区、新加坡已迈入了千万箱级行列,日本的京滨港、阪神港和韩国釜山港都已是200万—300万TEU级的港口,而中国台湾地区的高雄港也已达到了年吞吐量逾500余万TEU,位列世界前五集装箱大港的水平。除码头泊位数量上的差距外,没有可供超大型集装箱船舶停靠的深水港,则成了上海港竞争成为国际枢纽港最突出、最致命的"短板"。

4.3.2 上海城市性质和功能需要枢纽港支撑

1992年党的十四大明确提出要把上海建成"一个龙头、三个中心"(以浦东开发开放为龙头,建设国际经济、金融、贸易中心)的战略目标,即"上海要建设国际经济、金融、贸易三个中心,也需要建设国际航运中心来保驾护航"。1995—2001年时任上海市委副书记、市长徐匡迪阐述了航运中心与国际经济、金融、贸易之间的关系。

上海要建设国际经济、金融、贸易"三个中心",也需要建设国际航运中心来"保驾护航"。对于建设国际经济中心来说,如果没有国际航运中心建设的同步推进,在基础设施支撑结构上就存在一定缺陷,在沟通和连接国内外市场上也缺少了能够有效吸纳、吞吐的"通道";对于建设国际金融中心来说,如果没有国际航运中心建设的配套,就难以依托广阔的舞台,辐射和带动的范围会受到极大的制约和影响;对于建设国际贸易中心来说,建设国际航运中心的意义就更为直接和明显,贸易需要的人流、物流和信息流,更需要依托航运基础来实现。只有国际经济、金融、贸易、航运"四个中心"建设共同推进,上海才能真正成为社会主义现代化国际大都市[26]。时任交通部部长黄镇东认为,"建设上海国际航运中心对上海'一个龙头、三个中心'的战略定位起着支撑作用或者说是基础条件之一"[27]。

2001年5月,国务院正式批复并原则同意《上海市城市总体规划(1999—2020年)》,明确将上海逐步建成国际经济、金融、贸易和航运中心,航运中心成为四个中心之一,说明上海城市发展需要航运中心的支撑。

4.3.3 洋山深水港方案呼之欲出

东北亚地区枢纽港之争日益激烈,时不我待,刻不容缓,但受长江口水深影响又苦于找不到合适的港址,上海市委市政府决定跳出上海到外海寻找深水港。

那么是谁最先发现了洋山深水港呢?按照杨雄的回忆,最早提出大小洋山方案的是时任上海市政府副秘书长吴祥明:"那年,我们在北京参加国家计划委员会关于长江口深水航道的项目评估,评估结束等待他们撰写评估报告的过程中,有半天的休息时间,我们就在房间里研究海图,发现最靠近上海的深水区域是大小洋山,正好处于 8 m 等深线往外一点点,那个时候算下来可以达到 18 m 的水深,而且这里离上海比较近,有架桥的可能性。于是,我们就琢磨着应该到大小洋山去看一看那里是否有建港的条件。"[28]上述回忆中的"那年"应该是 1995 年。

而据时任浙江省舟山市嵊泗县县委副书记、县长钟达的口述,是他最先推荐了洋山[29]。1995 年 6 月,时任上海市政府发展研究中心主任王战联系钟达,想到浙江舟山岱山考察衢黄港,衢黄港最先由上海港务局设计所瞿世民提出,其撰写的论文发表在《中国港口》杂志 1990 年第 5 期上[30],引起了上海市领导的重视。同年 6 月 28 日,时任上海市委副秘书长黄奇帆、市政府副秘书长吴祥明、市政府发展研究中心主任王战等一行,根据黄菊同志的指示,来到嵊泗并借机去考察衢黄港。钟达之前担任过岱山县的常务副县长和副书记,对衢黄港和洋山港都比较熟悉。他认为洋山具备建港条件。而吴祥民等人认为,"洋山陆域太小,也缺乏岸线,我们不是要建小码头,上海要么不做,要做就做世界级大港,嵊泗在这方面条件不具备,所以想到衢黄港,但我们也感到衢黄港的条件困难蛮大的,投资额很大"。但是钟达还是建议第二天先到大衢山考察衢黄港,再到洋山考察,并在当天晚上与同事一起完成了一份洋山港建港初步设想,并提出了 11 条建港理由。

一行人第二天考察衢黄港时风浪很大,但快进入洋山港域时就风平浪静了,水深很好,达 20 m。钟达回忆说:"吴祥明副秘书长就对黄奇帆副秘书长说了一句话:'真没想到,在上海这么近的区域居然还有这么好的港口资源,钟达,你别怪我们官僚主义,其实因为是浙江的土地,我们也不好老是来看,所以情况不了解也很正常。回去以后一定把今天考察的情况向黄菊同志汇报。'"[29]上述回忆也得到了当天晚上参与初步设想写作并同船考察的时任嵊泗县大洋镇党委书记贺才学的印证,贺才学认为,"这次考察成为首次正式向上海领导提出洋山建港的由来"[31]。

梳理上述回忆录,大致可以得到吴祥明在研究海图时注意到了大小洋山的水深优势和离上海较近的距离优势(图 4-2),但那时主要关注的是位于岱山县的衢黄港,所以 1995 年 6 月去嵊泗县的目的主要就是考察衢黄港是否具有建港条件。王战是钟达的"老朋友",便借着在嵊泗召开上海城市建设资金运营机制研讨会这个名义,先到了嵊泗县,第二天再去岱山县考察衢黄港。而时任嵊泗县县长钟达"出于在嵊泗为官的本能,抓住了上海市有关方面领导来嵊泗地区海域开展深水港建设选址考察这一难得的机遇,向上海的领导推荐了大小洋山港址"[29]。正是由于钟达的推荐,才有了同年8月17日时任上海市委书记黄菊对洋山区域的亲自考察,9月14日上海市委召开会议专题研究深水港选址问题,黄菊同志作重要讲话,确定上海要建设深水港,大小洋山是最佳方案。

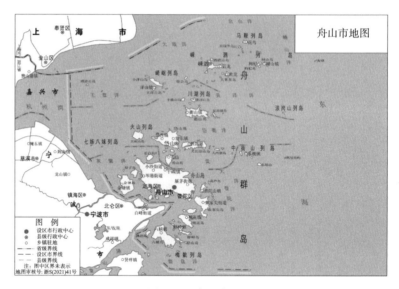

图 4-2　舟山市地图

而据另一位当事人的回忆,事情的起因则稍有出入。据嵊泗县政协原主席王宜康回忆,他于1990年9月从嵊泗县政协退休后,在上海市经济研究中心(现市政府发展研究中心)下面的上海经济技术社会发展联合事务所担任咨询研究员。1995年5月中旬,他从时任副市长夏克强处得知,时任总理李鹏为建设上海国际航运中心及建设上海深水港选址的事来到上海。同年5月26日,王宜康来到嵊泗县,与时任嵊泗县委书记傅文良等开会:"建议县领导抓住机遇,主动向上海市进军,要千方百计争取选址落实在嵊泗深水港区。"同年6月3日,时任嵊泗县县长钟达等人来到上海市政府小会议室,并被引荐同时任上海市经济研究中心主任王战会面,钟达提出委托上海市经济研究中心对嵊泗深水港区域建设为上海深水港选址做课题研究,王战表示赞同。同年6月15日考察组赴嵊泗绿华山港域、黄马海域、大小洋山港域等深水港区考察6天,回沪后又组织专家再次赴嵊泗,重点考察大小洋山港域深水港的实际情况,详细听取时任大洋镇党委书记贺才学的情况介绍,形成了在大小洋山海域建深水港区,并把洋山深水港区用桥与芦潮港连接的"陆岛港"的思路和方案。同年12月21日,《嵊泗列岛深水港域在建设上海国际航运中心中的地位与作用》通过评审,该报告成为当年上海市十大重大决策咨询研究课题之一,荣获上海市决策咨询研究成果奖特等奖,同时又获得中国发展研究奖一等奖(由国务院发展研究中心颁发)[32]。

如果上述回忆无误的话,在1995年6月初,嵊泗县主动委托上海市政府发展研究中心研究嵊泗深水港区,争取将上海深水港落在嵊泗。同年6月28日,黄奇帆等上海市领导考察衢黄港时,嵊泗也积极争取他们对大小洋山进行考察,并一夜间拿出了洋山建港的方案,让上海市领导把目光从岱山县的衢黄港转向了嵊泗县的大小洋山。如果没有嵊泗县委托上海市政府发展研究中心做项目,时任中心主任王战应该也不会联系时任嵊泗县县长钟达在考察衢黄港之前先到嵊泗县,因为钟达与王战就是在嵊泗县委托上海市政府发展研究中心做项目的时候认识的。至于那个报告荣获上海市决策咨询研究成果奖特等奖,同时又获得中国发展研究奖一等奖,那主要是因为在获奖之前的9月14日(1995年),上海市委已经统一认识,确定大小洋山是上海建设深水港的最佳方案。

因此,从时间线分析,从1995年6月28日黄奇帆等人考察洋山开始,到8月17日黄菊对洋山区域进行考察,再到9月14日上海市委确定深水港选址在洋山,前后不过两个半月时间。这中间,嵊泗县的主动作为是关键。

4.3.4 洋山深水港论证过程中的分歧

1995年底,上海市委全会正式将深水港建设列入"九五"计划。但是就在此前后,交通部、江苏省和浙江省都提出了各自的方案。

早在1992年4月,交通部科技司下达国家"八五"攻关项目"长江口拦门沙航道演变规律(整治技术研究)"课题科研任务,课题得出结论,认为长江口航道可以通过治理达到水深12.5 m,提出分三期开发北槽的方案。这一工程希望通过"束水冲沙"的方式治理长江口,就是在长江入海之前,在两面堆起一个喇叭形的坝体,加快水流速度,把"拦门沙"中淤积的泥沙冲走,使长江口主航道的水深达到12.5 m。在当时的交通主管部门中,有相当一部分人认为整治长江口航道就可以解决深水港的问题,不主张上海到外海去再建深水港。他们认为长江口整治不仅可以打通长江口,而且可以把长江沿岸的港口搞活,受益的是整个沿线,而上海深水港受益的只是上海一家[33]。1998年1月27日,长江口深水航道治理一期工程开工建设,该工程分为三期,一期工程于2001年6月完工,航道水深8.5 m。

2000年8月,交通部在对政协九届三次会议第1001号提案的答复中指出,"由于洋山港区建设条件复杂、投资巨大,运营成本和集疏运成本相对较高,自然条件对港口作业和大桥通行影响较大,存在着较大的经营风险。且从论证工作来看,尚存在一系列问题,应继续深入开展有关前期工作,进一步采集基础资料,重点解决泥沙淤积、船舶作业安全、生态环境保护、经济效益和经营风险等方面的问题。因此在上述问题未得到基本解决，且该港址的总体规划未经审定前，不宜安排洋山深水港区一期工程建设项目"[①]。交通部从行业角度提出意见，观点是非常明确的，只是他把"球"踢给了国家计划委员会（简称"国家计委"），"下一步如何决策，有待国家计委研究处理"。

江苏省提出依托长江口深水航道治理工程的太仓港方案。太仓港码头前沿的长江有一条深槽，这个方案拟在太仓港码头前沿建造一个长栈桥，延伸到这个深槽处建深水泊位。

浙江的方案是开发利用北仑—金塘岛深水港资源，建议上海不再另外建设深水港。在1995年9月14日上海市委统一认识，确定上海要建设深水港，大小洋山是最佳方案后，11月25日浙江省委省政府给党中央、国务院写信，提出从国家和民族的根本利益出发，应打破行政区划界线，充分发挥宁波—舟山水域港口的现实和潜在优势，以经济为纽带，使宁波—舟山水域港口成为上海及长三角地区的深水外港，建成以上海港为中心的上海—宁波—舟山组合型大港，形成上海国际航运中心。他们认为这样有利于上海国际航运中心尽快开展国际远洋集装箱转运业务，赢得时间；有利于上海尽快向干线港发展；可使上海提前10年左右的时间建成国际航运中心；可创造巨大的经济效益；在相近的港域内可形成合理的港口生产力布局，避免国家重大基础设施重复建设[②]。

童孟达发表于1996年的文章提出应开发利用北仑—金塘岛深水港资源，而不是另建新港，其理由是北仑—金塘岛港湾的区位、水深、陆域、岸线等建港条件相当优越，资源丰富，能满足上海国际航运中心持续发展的需要；利用北仑港现有国际集装箱码头可使上海国际航运中心立即组织更大规模的国家集装箱干线运输，完全有能力迅速参与国际航运竞争；北仑港的出运条件和公路、铁路、水运等集疏运网络将有更大的发展；北仑—金塘岛港湾建设深水港技术可行，也无风险，并且投资最小；同时，浙江省和宁波市积极支持上海国际航运中心建设，按照中央要求和市场经济规律与上海市搞好合作[34]。

在1998年9月中旬召开的上海国际航运中心新港址论证报告专家评审会上，上海提出洋山深水港方案，浙江上报的是宁波—舟山—上海方案，江苏上报的是太仓—上海—宁波—舟山方案。交通部专家评审推荐"中心两翼型"方案，其中"中心"是指上海的浦东外高桥和五号沟，"两翼"是指宁波、舟山和太仓，也就是洋山深水港新选址方案被否决了。专家认为洋山深水港址虽具有一定的优越性，但投资巨大，是全新港址，不宜仓促上马，建议抓紧前期工作，作为远期开发后备港址。有的专家表示并不是反对上海建设洋山深水港，而是认为上海港在2020年前，没有必要建设具有15 m水深的深水港区，通过长江口深水航道治理工程，水深达到12.5 m就可满足需求。也有专家认为在洋山建港是重复建设，劳民伤财，气象环境不佳，全年作业天数只有270天。个别专家担心外国船公司不会来靠泊洋山深水港。还有一些人一直怀疑在这么远的外海建港,到底能不能有比较好的投资效益[35]。此外,洋山港在浙江省版图内,如何协调也是一大问题[36]。

总体来看,浙江方面考虑上海就是缺深水港,而北仑、金塘岛等深水港可以作为上海的补充,上海国际航运中心深水港应该放在宁波。交通部认为现在航运发展还没有那么快,不急于建深水港,应该先把长江口航道整治好,从 7 m 深挖到 12.5 m。而上海方面认为航运业的发展很快,12.5 m 水深港区满足不了今后的发展,而且从国际竞争来看,周边的港口如釜山港、神户港、高雄港等水深条件远超 12.5 m,长江口 12.5 m 的水深也不具有竞争力,加快建设洋山深水港是上海国际航运中心发展的关键。

在这样的背景下,上海确定了"三管齐下"的建设方针,即对外高桥、五号沟共 10 个泊位进行深挖,支持交通部提出的长江口航道治理工程和推进在大小洋山建深水港。从 1995 年 6 月开始,洋山深水港的论证艰难推进,2002 年 3 月 13 日,洋山深水港区一期工程可行性研究报告在国务院第 56 次总理办公会议上审议通过,6 月正式启动基础性开工。

2005 年 12 月 10 日,洋山深水港开港暨洋山保税港区启用仪式举行,标志着上海国际航运中心建设取得重大突破。2017 年 12 月 10 日,洋山深水港区四期码头开港试运行,这是全球规模最大、最先进的全自动化码头。小洋山南侧的深水岸线历经 16 年、分 4 期的连续开发,已基本完成。

4.3.5　洋山深水港论证过程中如何解决行政单元限制

建设洋山深水港有一个棘手的问题就是港址的行政隶属关系,大小洋山隶属浙江省舟山市,上海如何在浙江省的辖区内建设大型交通工程?

在洋山深水港的建设过程中,明确洋山的行政隶属关系仍归属浙江不变,但出于港口管理便利的考虑,港口的管辖权归属上海;土地施工由上海来,资金也由上海出,洋山的土地租金和产生的税收归浙江,所有领航费的收入也归浙江,并且原岛上的居民搬迁安置由居民自由选择,愿意迁往上海落户的由上海市负责安置[26-27]。

事实上,上述上海市的做法是在贯彻时任国务院副总理吴邦国的指示。2001 年 1 月 30 日,在上海西郊宾馆召开的会议上达成了三点共识:建设上海洋山深水港区是必要的、紧迫的;在洋山建设深水港区技术上是可行的;建设洋山深水港区要处理好与长江口深水航道治理和建设宁波北仑港的关系。吴邦国特别强调,要充分保障浙江的利益,明确了四条:一是大小洋山岛的行政隶属关系不变;二是洋山深水港区当地的税收留浙江;三是由上海安置有关洋山深水港区的劳动力,在工程建设中切实保护好大小洋山的生态环境;四是浙江在大小洋山港区建设中可以投资入股。在实际操作过程中,上海的很多企业都注册在芦潮港,而不是在洋山深水港区,因此税收留浙江无从谈起。根据上海市和浙江省签署的《上海市、浙江省联合建设洋山深水港区合作协议》,洋山深水港区一期工程项目是由两地国有企业出资共同投资建设的,而根据上文,洋山深水港区的建设由上海国际集团有限公司等三家入股经营,只是到了2019年2月19日,浙江省海港投资运营集团有限公司(简称"浙江海港集团")和上海国际港务(集团)股份有限公司(简称"上港集团")在上海签署了小洋山综合开发合作协议,共同开发小洋山北侧的岸线,浙江才在真正意义上进行了投资入股。

浙江也有大局意识,在中央统一意见后,积极配合洋山深水港建设,然而洋山深水港岛民的动迁工作难度很大。当时岛上有1 423户人家没有迁走,还有3 000多座坟墓分散在小岛的各个地方,整个动迁由三个部分组成,包括征地、动迁和岛民的安置工作。"后来亏得浙江省舟山市的同志对此非常重视,工作又很得力,比较果断迅速地把动迁工作做完了,给我们提供了方便,工程才得以顺利进行下去。"[37]

洋山深水港区建成之后的行政管理主体如何确定呢?在现行法律框架下,政府行政管理职能都是以地域为边界的。当时各方面的意见分歧较大,归纳起来大致可以分为三种意见:第一种意见认为,中央关于深化港口管理体制改革的文件明确提出港口原则上由所在城市政府管理,洋山深水港区应该实行属地管理;第二种意见认为,洋山深水港区虽位于浙江辖区,但作为上海港集装箱深水港区的重要组成部分,应该纳入上海港口统一管理;第三种意见认为,既然投资主体是合作经营,在港口行政管理上也可以实行共同管理。

国家计委532号文件明确将洋山深水港区的港政、航政和口岸一并纳入上海市政府管辖范围,由上海市统一管理。但是遇到类似在港区范围内发生的治安、环保、安全等属地化管理方面的问题,究竟应当如何处理呢?经过上海市与交通部、浙江省的协商,2005年11月,由上海市港口管理局正式颁布了《上海洋山深水港区港政航政管理办法》,作为上海市政府行使洋山深水港区港政和航政管理权的重要依据。《上海洋山深水港区港政航政管理办法》明确指出,由上海市港口管理局负责洋山深水港区港政和航政的行政管理工作;并在洋山深水港区设立上海市港口管理局洋山深水港区管理办公室,对洋山深水港区进行日常管理。由此,实现了我国沿海港口跨地受权行使港航行政管理的重大突破,为洋山深水港区顺利开港和运营提供了体制保障[38]。

4.3.6 洋山深水港论证过程中政府层级的影响

在洋山深水港的论证过程中,各方的分歧非常大。这不仅需要科学的研究和论证,而且需要领导高瞻远瞩、具有战略眼光。其中黄菊、李鹏和江泽民起到了关键作用。

1)黄菊:洋山深水港建设的主导者

如上文所述,在1995年之前,上海一直在市域范围内寻找深水港港址。

1994年9月至2002年10月,黄菊同志任中共上海市委书记,并在1994年9月党的十四届四中全会上增选为中央政治局委员。黄菊担任上海市委书记的8年正是洋山深水港方案提出、论证和开始建设的关键时期。

在1995—2001年担任上海市委副书记、市长的徐匡迪认为黄菊"对于建设深水港是非常用心的"[26]。黄菊反复强调,深水港建设是关系到上海能否成为国际航运中心之一的关键问题,而能否成为国际航运中心之一又是上海能否成为"一个龙头、三个中心"的关键[35]。他知道上海行政区域内的深水岸线已经用光了,而且航行都受制于长江口航道的水深,尽管长江口深水航道治理工程可以将航道挖深至12.5 m,却无法达到15 m的要求,不能满足船舶大型化的需要,于是就决心跳出上海市,将视线转向相邻的浙江省去寻找新的深水港[37]。

1995年8月17日,黄菊同志亲自带领有关专家和部门领导,围着大小洋山港域考察了几个小时。同年9月14日,上海市委召开会议专题研究深水港选址问题,黄菊同志作重要讲话,认为上海要建设深水港,大小洋山是最佳方案[29]。跳出黄浦江,跳出长江,选址在洋山建设深水港的大胆设想开始成为上海市委市政府的共识[39]。市委领导的决策,加速了深水港选址工作的启动和推进,为未来洋山深水港的规划和建设指明了方向[40]。

在交通部、浙江省等反对上马洋山深水港的时候,黄菊提出了"三管齐下"的总思路。这一总思路支持了交通部治理长江口深水航道方案,也有助于外高桥港区的顺利建设;贯彻时任国务院副总理吴邦国提出的四点保障浙江利益的措施,赢得了浙江的理解和支持;全力支持宁波地区向北拓展交通辐射能力的杭州湾大桥等重大项目的建设,由此形成了以洋山深水港为龙头的长三角地区港口间分工协作的新格局[39]。

在建设过程中,黄菊强调上海建设洋山深水港,要的是"物畅其流",是要解决上海港的吞吐问题,不是为了要赚钱。"那个年代,大家的关注点还放在怎样实现GDP(国内生产总值)的增长、怎样增加税收上,但上海已经清醒地认识到,一个地区的发展不能只关注GDP(国内生产总值)和税收,而要实现更高质量的发展。尽管当时还没有提出科技创新,上海已经看到经济效益的产生,要靠汽车、通信、医药制造等新兴产业的发展,要靠宝钢、金山石化这样大型实体经济企业的发展。通过投资洋山深水港建设,解决束缚上海港吞吐量增长的瓶颈问题,就能带动现代化产业的发展,从而产生更好的经济效益,这些经济效益肯定比建一个码头多得多。"[26]

到建设阶段,上海市拿出了相当大的魄力,洋山深水港的建设没有要国家一分钱。东海大桥由上海市政府拿钱;为避免增加洋山深水港集装箱的运输成本和影响国际集装箱在此集散的积极性,上海市再次做出有战略眼光的决定,经过东海大桥的集装箱不收过桥费,桥梁的建设费用由综合效益来还[26]。

2) 李鹏:从国家层面启动了建设上海国际航运中心的进程

1996年1月16日下午,时任总理李鹏在上海主持会议,专题研究部署建设上海国际航运中心的有关问题。在这次会议上,交通部、国家计委等中央相关部委及江苏、浙江、上海两省一市的领导分别作了发言。各方面在推进上海国际航运中心建设特别是深水港建设等具体工程项目问题上还存在不同意见。

李鹏指出把上海建成国际航运中心是实现上海国际经济、金融、贸易三个中心的重要保证;是开发浦东使其成为远东经济中心,开发整个长江的关键。当前,我国周边的一些国家和地区,在建设国际航运中心方面与我国形成竞争态势,从全局看,建设上海国际航运中心既是我国经济发展的需要,也是国际政治斗争和经济竞争的要求,意义重大。希望浙江、江苏和上海以及交通部齐心协力,密切合作,尽快建成上海国际航运中心[35]。

会议明确了近期需要抓紧落实的六项工作:① 组建上海组合港;② 成立上海航运交易所;③ 开通宁波至美国东海岸国际集装箱班轮航线;④ 推进上海港外高桥港区一期改造和新建二期集装箱码头等一批集装箱码头建设;⑤ 组织开展上海国际航运中心新港址论证;⑥ 继续深化长江口深水航道治理工程可行性研究[35]。李鹏主持的这次会议是洋山深水港建设过程中的重要会议,从国家层面启动了建设上海国际航运中心的伟大进程,上海国际航运中心建设正式上升为国家经济发展的重大战略[41]。

但是也必须指出,李鹏启动了建设上海国际航运中心的进程,但他更倾向于先上马宁波北仑港。虽然《向海而兴——上海国际航运中心建设亲历者说》特别强调了李鹏对上海国际航运中心的重视:"1995 年 12 月,时任国务院总理李鹏在浙江省委省政府关于建议组建上海—宁波—舟山组合港、加快建成上海国际航运中心的报告上做出明确批示:我一直认为把上海建成国际航运中心是开发浦东,使其成为远东经济中心,开发整个长江的关键。"[41]但如果看李鹏 1995 年 12 月 8 日的批示,完整的是"我一直认为把上海建成国际航运中心是开发浦东,使其成为远东经济中心,开发整个长江的关键。因此,我认为首先利用宁波北仑集装箱码头是最快、最现实、最有效益的方案。为此,必须打破行政区划,把航运机构设在上海,充分利用上海金融交通的优势。也可以考虑成立股份制公司,上海占大股,宁波参股,发挥双方积极性"③。

此外,朱镕基也更倾向于充分利用北仑港,2000 年 5 月 27 日,时任宁波市政协主席叶承垣向时任全国政协副主席任建新写了一封信,反映要坚持执行中央关于建设上海国际航运中心的决策,应充分利用北仑深水港的优势,不宜斥巨资另建新港,防止和避免出现新的重复建设。任建新向中央主要领导作了报告。2000 年 6 月 28 日,朱镕基在任建新信上"应充分利用北仑深水港的优势,不宜斥巨资另建新港"这句话下边批注"我一直赞成这个意见",同时批示"抄上海市委黄菊、徐匡迪同志阅"④。

3) 江泽民:直接推动洋山深水港建设驶入快车道

2000 年 9 月,李国豪等 15 位院士联名给时任中共中央总书记江泽民同志写信,建议尽快启动洋山深水港建设。同年 10 月 20 日,在江苏扬州润杨大桥开工奠基仪式上,李国豪再次向江泽民汇报关于对洋山深水港的看法,认为深水港是上海今后发展的生命线,这引起了江泽民的重视。同年11月3日,江泽民对建设上海国际航运中心洋山深水港做了非常长的批示。时任国家发展和改革委员会交通运输司司长王庆云认为,"在整个决策过程中,起决定作用的是时任中共中央总书记江泽民同志。之前尽管已完成了各方面的论证意见,但在不同层面还一直争论不休,或者说一直没有最后拍板。江泽民从上海国际航运中心建设事关上海经济社会的发展、长三角地区和长江流域的发展乃至祖国统一大业的高度进行阐述。"[33]"江泽民指出有关各方面要有全局观点,从国家整体利益出发,统筹考虑,通力协作,认真比选,科学决策,经得起历史考虑。"[27]这样,深水港的建设才真正统一了思想认识。

2000年12月底,国家计委在北京召集有关各方,就洋山深水港工程项目统一思想认识;2001年1月20日,时任国务院副总理吴邦国率领有关部委领导视察大小洋山港;2001年2月,国务院第94次常务会议正式批准洋山深水港区一期工程立项;2001年3月,国家计委正式下发项目立项批复;2002年3月13日,国务院第56次总理办公会议审议通过一期工程可行性研究报告;2002年6月正式启动基础性开工。

江泽民同志批示后,时任交通部部长黄镇东拿着报告赶到浙江,把报告呈递时任浙江省委书记李泽民并征询其意见,李泽民表示中央决策前浙江要充分表达意见,中央作了决定,浙江坚决服从大局[27]。在这之后,浙江省全力支持和配合洋山港建设,在跨行政区的合作上迈出了坚实的步伐,提前半年时间完成了小洋山岛的岛民动迁工作,保证了港口建设的顺利推进。

江泽民同志的批示极大地扭转了各方争议、思想不统一的局面,"形势很快发生转变"[37],"此后,洋山深水港项目进入了快车道"[37]。在今天回望20多年前江泽民同志的批示,批示显然是从国家全局的角度出发,极具前瞻性和战略性。

对于上海来讲,洋山深水港的建设使上海港口完成了从黄浦江到长江口再到外海的三级跳,拥有了真正的深水港,对浦东开发开放、城市空间拓展和四个中心建设都是重要的支撑。

对于中国来讲,洋山深水港的建设适应了加入世界贸易组织后面临的挑战,而且使中国经济在全球化竞争中如虎添翼,是一项划时代的事业。

4.4 小洋山北侧的开发

1) 小洋山南侧建设完成,趋于饱和

2005年12月洋山深水港区一期工程顺利开港。2017年12月,全球最大单体全自动化码头洋山深水港区四期建成开港,这标志着小洋山港区南侧的开发基本完成。2017年,洋山深水港集装箱吞吐量达到1 655万

TEU,已经远超 930 万 TEU 的年设计吞吐能力,同时洋山深水港的运输能力已趋于饱和。洋山深水港只有大型深水泊位,没有小型泊位,这导致大量进出长江的中小型船舶只能在大型深水泊位上作业,一旦外贸大型船只到港,中小型船舶只能让位等待。此外,陆域空间不足是洋山深水港另一个问题,南侧港区陆域空间已经凸显不足,有时集装箱甚至需要经东海大桥运往上海南汇存放。

这些发展上的瓶颈都说明开发小洋山北侧已迫在眉睫。小洋山北侧水深较南侧浅,但岸线能满足江海联运要求。

2)推进小洋山北侧建设

2017 年 7 月,上海、浙江两地签下《关于深化推进小洋山合作开发的备忘录》《关于小洋山港区综合开发合作协议》,协议明确两大港口推动成立浙江海港集团与上港集团共同组建合资公司,以加快推进小洋山北侧岸线的联动开发。

3)推进小洋山北侧支线码头开发进程

2018 年 12 月 6 日,交通运输部联合四省印发《关于协同推进长三角港航一体化发展六大行动方案》。该方案指出,完善江海直达、江海联运配套港口设施。加快推进小洋山北侧支线码头开发进程,上海、浙江共同加快形成具体规划、开发方案并签署合作协议,同步开展规划编制及项目前期工作,完善锚地布局。2019 年底前,力争开工建设。

4)上海、浙江签署小洋山综合开发合作协议

2019 年 2 月 19 日,浙江海港集团和上港集团在上海签署小洋山综合开发合作协议,标志着上海、浙江合作推进小洋山全域一体化开发。根据合作协议,浙江海港集团和上港集团以股权合作方式对小洋山进行开发运营,双方合资后的上海盛东国际集装箱码头有限公司(简称"盛东公司")作为小洋山北侧唯一的开发、建设、运营和管理主体。浙江可利用规划审批等权责,支持建设洋山航运服务集聚区,吸引国内外航运服务企业在此注册和发展;支持上海、浙江进一步合作开展大洋山开发,推进大小洋山一体化,东海二桥及宁波、舟山北上通道等规划建设,吸引上海经济、城市重心向杭州湾区域延伸,高质量推进上海、浙江一体化发展。

5)三方进驻小洋山岛

2019 年 2 月,上港集团、浙江海港集团、嵊泗县三方召开专题会议进行部署,联合成立小洋山综合开发领导小组,并抽调三方精干人员组建小洋山北侧开发项目工程建设指挥部具体负责,并决定在 3 月 4 日三方抽调的所有人员进驻小洋山岛进行集中办公,统一管理,负责工程项目的日常运行。

6)小洋山北侧先期工程 Ab 区成陆工程正式开工

2019 年 11 月 5 日上午,上海、浙江合作共建的小洋山北侧开发拉开序幕,先期工程 Ab 区成陆工程正式开工。小洋山北侧开发 Ab 区成陆工程,既是小洋山北侧集装箱支线码头工程的先行项目,也是原小洋山围垦一期

工程的延续项目。工程由浙江海港集团投资建设,陆域形成吹填总土方量约为 542 万 m³,新增土地面积约为 101.29 万 m²,概算总投资为 10.35 亿元,计划在 2021 年 11 月完工(图 4-3)。

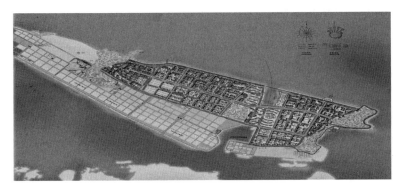

图 4-3　小洋山北侧区域

7)上海市推进小洋山全域一体化开发

2020 年 1 月 10 日,上海市贯彻《长江三角洲区域一体化发展规划纲要》实施方案表示⑤,为促进长三角更高质量的一体化发展,将完善基础设施网络布局,共同提升互联互通水平。其中,方案要求:大力推进长湖申线、杭平申航道项目建设,开展苏申内港线规划衔接和前期工作,推进长江集装箱江海联运综合服务信息平台的建设。鼓励上港集团与长三角港航企业开展多层次合作,联合浙江省开展上海国际航运中心洋山深水港小洋山北侧作业区规划编制工作和项目前期工作,推进项目建设。深化沪苏长江口港航合作,以市场化为导向优化集装箱航线布局。

8)浙江省推进小洋山全域一体化开发

2020 年 1 月 12 日,浙江省十三届人大三次会议在浙江杭州举行。时任浙江省省长袁家军在作政府工作报告时介绍,2020 年,浙江将通过纵深推进小洋山全域一体化开发,协同推进长三角港口一体化发展,打造世界级港口群等,推动长三角一体化发展。

在这之后,小洋山北侧的开发有所停滞。投资者关心开发进度,2021 年 6 月 29 日,上港集团在投资者互动平台表示,小洋山北侧开发按照计划稳步推进,目前处于方案优化和规划报审阶段。

2022 年 6 月 15 日,签署深化小洋山区域合作开发框架协议,确保小洋山北作业区项目年内开工。上海市、浙江省、交通运输部、国家发展和改革委员会四方出席。

李强指出,深化小洋山区域合作开发,是贯彻落实习近平总书记重要讲话和指示批示精神,更好服务构建新发展格局、推动长三角更高质量一体化发展的重大举措,是一项具有全局和战略意义的重大标志性基础设施项目,对于进一步深化上海国际航运中心建设、扩大更高水平对外开放具有重要引领作用。国家指导、沪浙联手,共同开发小洋山,是跨行政区合作建设基础设施的又一创举⑥。

袁家军指出,深化洋山区域合作开发,是认真贯彻习近平总书记关于长三角一体化发展和海洋强国建设重要论述精神的重大举措,是全面贯彻新发展理念、构建新发展格局的务实行动。要坚决做到"总书记有号令、党中央有部署,浙江见行动",胸怀"国之大者",拿出最好资源,付出实际行动,全力支持上海建设国际航运中心⑥。

交通运输部将扎实贯彻落实习近平总书记重要讲话和指示批示精神,坚决贯彻落实党中央、国务院决策部署,一如既往、全力支持小洋山北作业区开发建设,特事特办、急事急办,做好服务保障,共同努力推动小洋山北侧港区早日开工、建成、投产,走在世界级港口最前列。

国家发展和改革委员会将主动协调服务,发挥好部际联席会议机制作用,定期调度项目进展,及时协调解决重点难点问题,确保项目年内尽早实现开工。

2022年9月22日,上港集团公告披露,投资建设上海国际航运中心洋山深水港区小洋山北作业区集装箱码头及配套工程项目,项目投资总额不超过人民币550亿元。公告称,为深入贯彻落实"一带一路"倡议、长江经济带及长三角一体化发展等国家战略,提升上海国际航运中心地位,根据上海、浙江两省市政府于2022年6月15日正式签署的《进一步深化小洋山区域合作开发框架协议》,上港集团拟以控股子公司盛东公司作为项目主体,投资建设上述项目。盛东公司由上港集团持股80%,浙江海港集团持股20%,注册地在上海自贸区临港新片区⑦。

4.5 洋山深水港建设的启示

港口等重大基础设施投资巨大,作为一个重要的交通节点,既能通过巨额投资拉动地方就业,又能作为交通门户,起到沟通国内外物流运输、推动临港经济发展的作用。在港口属地化建设和管理之后,港口往往成为地方政府拉动地方经济发展、与其他地方竞争的抓手。对于地方官员来说,拉动地方经济发展对下可以向老百姓证明自身作为"父母官"的作用,赢得当地群众的好感,对上可以向上级官员证明自身的治理能力,获得升迁的筹码。因此,地方官员往往热衷于招徕上级政府对地方重大基础设施的投资。

我们看到,宁波和舟山两市都属于浙江省,宁波市虽然是副省级城市,但对舟山及隶属县没有上下级关系。虽然宁波港的港口条件更为优良,但舟山市嵊泗县的官员在听到上海市要选择深水港港址的时候,主动与上海市对接,积极推荐所属的小洋山岛作为建港首选。当然,如果从自由市场的角度出发,自然条件、投资金额等各方面都优于小洋山岛的宁波港显然是首选,而舟山市嵊泗县推荐小洋山岛显然是政府出于发展地方经济的本能。显然这就与宁波市产生了竞争与矛盾。但是由于宁波市、舟山市都隶属于浙江省,浙江省在两市之间比较好协调,浙江省委省政府给中央的报告也明白无误地展现了支持宁波市的态度。

上海市与浙江省都属于省级行政单元,出于地方利益,相互之间的协调难度很大,只能继续尺度上升,寄希望于交通主管部门——交通部来协调。然而,交通部则支持江苏省的长江口疏浚方案,因为该方案不仅对江苏省,而且对上海市乃至长江流域的进出口都有利。从中央主管部门的角度出发,方案能照顾更多的利益,显然是理性的选择。但是上海一门心思想建设属于自己的深水港口,浙江省由于拥有优良的港口条件而据理力争。于是,尺度继续上升到国务院,国务院倾向于浙江方案。上海市继续向最高领导人寻求支持,最高领导人一锤定音,最终上马洋山深水港建设。但与此同时,也充分照顾了浙江省和江苏省的诉求。

综上,在洋山深水港南侧建设的过程中,政府特别是最高领导人的意志起到了决定性作用。但同时,在上海市建设洋山深水港的过程中,由于中央不投资一分钱,上海市在融资方面充分发挥了市场的作用,于2002年成立上海同盛投资(集团)有限公司(简称"同盛集团"),其成为洋山深水港工程的开发投资主体。同盛集团的注册资金为50亿元,由3家公司出资:上海国际集团有限公司占52%的股份、上海港务局占40%的股份、上海国有资产经营有限公司占8%的股份。上海在公共领域投融资的做法,实际上是"拨改投"模式(区别于拨改贷和引入私人资本的市场化模式),即将政府对公共领域的拨款转由法定机构按照企业化方式运作。整个战略是政府做的,市场体系是政府建的,规则也是政府定的,但政府在市场运作上不操纵。政府迅速建立一个平台,但这个平台并不是在市场过程中形成的。这体现了政府的有效性[⑧]。

在洋山深水港北侧建设过程中,上海市与浙江省也是出于地方利益,争执不下,最后由最高领导人拍板推进,地方、中央部委紧随其后。但在具体实施过程中,上港集团、浙江海港集团来负责操作。

从洋山深水港南侧和北侧的论证、建设的案例可以看出,如果重大基础设施建设涉及不同行政单元,协调的难度往往很大,一般尺度要不断上移,要有上级主管部门乃至最高领导人来推进。这也反映了在当前中国特殊的政治体制下,政府在重大基础设施建设中起着决定性的作用。但同时,在具体的实施和操作过程中,必须充分发挥市场的力量,也就是有为政府与有效市场相结合,才能高效地推进重大基础设施建设。

(执笔人:王列辉)

第4章注释

① 参见中国人民政治协商会议浙江省宁波市委员会办公厅,中国人民政治协商会议浙江省宁波市委员会专门委员会综合局编著:《宁波港发展战略》(内部出版物),第

36页。
② 参见中国人民政治协商会议浙江省宁波市委员会办公厅,中国人民政治协商会议浙江省宁波市委员会专门委员会综合局编著:《宁波港发展战略》(内部出版物),第46页。
③ 参见中国人民政治协商会议浙江省宁波市委员会办公厅,中国人民政治协商会议浙江省宁波市委员会专门委员会综合局编著:《宁波港发展战略》(内部出版物),第52页。
④ 参见中国人民政治协商会议浙江省宁波市委员会办公厅,中国人民政治协商会议浙江省宁波市委员会专门委员会综合局编著:《宁波港发展战略》(内部出版物),第30页。
⑤ 参见中华人民共和国交通运输部网站(2022年2月23日)。
⑥ 参见澎湃新闻《沪浙签署深化小洋山区域合作开发框架协议,确保小洋山北作业区项目年内开工》。
⑦ 参见上海市人民政府网站(2022年2月23日)。
⑧ 参见澎湃新闻《沪浙小洋山合作新篇章:550亿深化建设上海国际航运中心》。

第4章参考文献

[1] 蔡景庆. 西方主流经济学脉络透析与重要支撑析辩[J]. 学术探索,2020(1):111-119.

[2] 李文增. 放任与干预:西方市场经济思想与政策百年演变之分析[J]. 世界文化,2019(5):4-9.

[3] 杨春学. 欧美经济思想史的意识形态谱系:基于自由主义类型的分析[J]. 经济思想史学刊,2021(3):4-12.

[4] 宋玉茹. 从方法论的演进论西方主流经济学的发展[J]. 阴山学刊,2022,35(4):74-80.

[5] GREENWALD B,STIGLITZ J E. Keynesian, new Keynesian and new classical economics[J]. Oxford economic papers,1987,39(1):119-133.

[6] 孙勇. 从经济学派理论假设的变迁中看西方经济学的发展[J]. 江苏社会科学,2002(1):59-63.

[7] 林艳丽,韩颖. 有效市场和有为政府有机融合的内在机理及原因[J]. 沈阳师范大学学报(社会科学版),2022,46(4):8-14.

[8] 赵京明. 现代西方政府宏观经济干预理论发展及其比较[D]. 石家庄:河北经贸大学,2011.

[9] 黄先海,宋学印. 赋能型政府:新一代政府和市场关系的理论建构[J]. 管理世界,2021,37(11):41-55,4.

[10] 杨静. 新自由主义"市场失灵"理论的双重悖论及其批判:兼对更好发挥政府作用的思考[J]. 马克思主义研究,2015,33(8):70-80.

[11] 杨庆山. 新自由主义经济理论演变的思考[J]. 理论前沿,2005(16):19-21.

[12] 蔡万焕,袁辉. 在市场和政府之间:马克思主义经济学与西方经济学各流派关于市场与政府关系的讨论[J]. 湖南社会科学,2010(1):113-118.

[13] VIRMANI A. China's socialist market economy:lessons of success[R]. New Delhi:Indian Council for Research on International Economic Relations,2005.

[14] SIGLEY G. Chinese governmentalities:government,governance and the socialist market economy[J]. Economy and society,2006,35(4):487-508.

[15] 刘华. 全能型政府职能模式的历史作用及其转型努力[J]. 河南师范大学学报(哲学社会科学版),2009,36(2):40-43.

[16] 陈毅. 建国六十年来中国政府责任的变化与展望[J]. 中南大学学报(社会科学版),2010,16(3):69-73.

[17] 张丽曼. 论中国政府管理模式的转型[J]. 社会科学研究,2004(6):1-5.

[18] QIAN Y Y,WEINGAST B R. China's transition to markets:market-preserving federalism,Chinese style[J]. The journal of policy reform,1996,1(2):149-185.

[19] 陈健,郭冠清. 中国特色政府与市场互动关系的形成和发展[J]. 经济学家,2022(7):35-44.

[20] 陈云. 计划与市场问题[M]// 陈云. 陈云文选:第三卷. 2版. 北京:人民出版社,1995:245.

[21] 洪银兴. 市场化导向的政府和市场关系改革40年[J]. 政治经济学评论,2018,9(6):28-38.

[22] 封凯栋. 新型举国体制中的政府与市场关系[J]. 中国科技论坛,2022(10):3.

[23] 裴广一. 论有效市场与有为政府:理论演进、历史经验和实践内涵[J]. 甘肃社会科学,2021(6):213-221.

[24] 顾刚. 见证洋山深水港的诞生[M]//中共上海市委党史研究室,上海市交通委员会,上海中国航空博物馆. 向海而兴:上海国际航运中心建设亲历者说. 上海:上海人民出版社,2020:310.

[25] 蔡先凤. 釜山港将大规模扩建[J]. 中国远洋航务,1996(8):45.

[26] 徐匡迪. 建设上海国际航运中心 探索合作共赢之路[M]//中共上海市委党史研究室,上海市交通委员会,上海中国航空博物馆. 向海而兴:上海国际航运中心建设亲历者说. 上海:上海人民出版社,2020:5-7,10-11.

[27] 黄镇东. 推动我国全方位融入全球经济的重大战略[M]//中共上海市委党史研究室,上海市交通委员会,上海中国航空博物馆. 向海而兴:上海国际航运中心建设亲历者说. 上海:上海人民出版社,2020:15,23-24.

[28] 杨雄. 立足国家战略,建设上海国际航运中心[M]//中共上海市委党史研究室,上海市交通委员会,上海中国航空博物馆. 向海而兴:上海国际航运中心建设亲历者说. 上海:上海人民出版社,2020:38,44.

[29] 钟达. 洋山建港,浙沪合作的典范[M]//中共上海市委党史研究室,上海市交通委员会,上海中国航空博物馆. 向海而兴:上海国际航运中心建设亲历者说. 上海:上海人民出版社,2020:300-302.

[30] 瞿世民. 大衢—是建立港岛为"理想选择"[J]. 中国港口,1990(5):40-42.

[31] 贺才学. 洋山建港提出的由来[M]//嵊泗县政协教文卫体与文史委. 列岛记忆. 北京:方志出版社,2014:350-353.

[32] 王宜康. 洋山深水港选址前的调研工作[M]//嵊泗县政协教文卫体与文史委. 列岛记忆. 北京:方志出版社,2014:340-347.

[33] 王庆云. 上海国际航运中心建设是划时代的事业[M]//中共上海市委党史研究室,上海市交通委员会,上海中国航空博物馆. 向海而兴:上海国际航运中心建设亲历者说. 上海:上海人民出版社,2020:65-66.

[34] 童孟达. 开发利用北仑—金塘岛深水港资源 加快建成上海国际航运中心[J].

宁波大学学报(人文科学版),1997,10(3):79-84.

[35] 徐章柏. 难忘的洋山深水港建设岁月[M]//中共上海市委党史研究室,上海市交通委员会,上海中国航空博物馆. 向海而兴:上海国际航运中心建设亲历者说. 上海:上海人民出版社,2020:250-251,262-263,270.

[36] 王宣. 科学论证洋山深水港工程[M]//中共上海市委党史研究室,上海市交通委员会,上海中国航空博物馆. 向海而兴:上海国际航运中心建设亲历者说. 上海:上海人民出版社,2020:330.

[37] 归墨. 洋山工程成就职业生涯的辉煌[M]//中共上海市委党史研究室,上海市交通委员会,上海中国航空博物馆. 向海而兴:上海国际航运中心建设亲历者说. 上海:上海人民出版社,2020:273,277-278,281.

[38] 许培星. 上海港:中国港口的领跑者[M]//中共上海市委党史研究室,上海市交通委员会,上海中国航空博物馆. 向海而兴:上海国际航运中心建设亲历者说. 上海:上海人民出版社,2020:180-181.

[39] 马弘. 心系未来 十年圆梦:深切缅怀我的老领导黄菊同志[N]. 新民晚报,2016-04-01(A24).

[40] 顾刚. 见证洋山深水港的诞生[M]//中共上海市委党史研究室,上海市交通委员会,上海中国航空博物馆. 向海而兴:上海国际航运中心建设亲历者说. 上海:上海人民出版社,2020:311-312.

[41] 王明志. 组合港:为"一体两翼"而生[M]//中共上海市委党史研究室,上海市交通委员会,上海中国航空博物馆. 向海而兴:上海国际航运中心建设亲历者说. 上海:上海人民出版社,2020:82.

第4章图表来源

图4-1 源自:笔者根据1979—2001年中国统计年鉴数据绘制.
图4-2 源自:浙江省地理信息公共服务平台[审图号为浙S(2021)41号].
图4-3 源自:博为国际规划咨询集团网站.
表4-1 源自:笔者根据《上海统计年鉴:2001》数据绘制.

5 中国"行政区划"概念谱系的观念史考察

5.1 引言:建构行政区划多学科概念框架的共同逻辑起点

我国的行政区划在世界上历史最悠久、内蕴最深厚、形式最复杂、经验最丰富、传承最完整,支撑着中华文明绵延不绝的文化基石,奠定了我国现代国家政治制度的根本结构,蕴含着非常独特的治国理政的重要智慧,是一种具有独特理论、政策和实践价值的重要资源。但长期以来,由于传统的行政区划一直以沿革地理、典章制度、地方史志等形式传承发展,缺乏独立的学术理论自觉和现代学科意识;特别是相关行政区划调整关系到国家统治的长治久安、地缘战略的空间布局、区域关系的利益协调以及在具体组织实施中具有较高敏感性等因素,致使真正的学术理论研究很难涉足。我国对行政区划具有学术理论自觉是以 20 世纪 90 年代初提出"行政区经济"理论为标志,这是改革开放以来根植于中国国情、中国传统和中国实践基础上,真正从中国本土生长出来的具有中国特色学术话语和学派特征且屈指可数的原创性理论学术成果之一[①]。自此以来,我国行政区划的相关学术研究已越来越多地参与到政区调整的具体社会实践活动中。越来越多的研究表明,自改革开放以来,以行政区划为基础的制度建设和具体的实践活动对我国取得经济和稳定"两大奇迹"具有重要推动作用[②]。因此,通过努力构建与我国治理体系和治理能力现代化要求相适应的行政区划学科体系,进一步充分发挥行政区划在区域治理、政府治理、社会治理和全球治理方面的重要作用,具有深厚的思想意义和实践价值。

然而,从学科概念史的角度进一步考察发现,"行政区划"的名称和概念尽管在地理学、政治学、法学、历史学等学科中都占据一定的位置,在传统的地理沿革、政区地理、地方行政制度、政治地理以及行政管理学等学科中更是占据着很重要的学术地位,使用频率颇高。但由于在基本概念、理论基点、学科框架和思想认识等方面缺乏共识,各学科有关行政区划的学术讨论始终处于盲人摸象、自说自话的状态。这是至今仍未引起学术界多学科普遍关注和讨论的重大论题,也是进一步加强行政区划学科概念框架、确立多学科共同学术基点与共识的迫切要求,因而具有填补学术空白的重要意义。

本章拟从观念史研究的视野出发。首先,以"行政区划"一词的起源为中心,梳理与其相关的词汇、称谓在我国开始生成、使用和不断演化的过程,接着去探讨作为古已有之的汉语词汇("行政""区划")组合词"行政+区划"是如何在中国—西方—日本文化互动中获得现代意义的。其次,从我国古今行政区划概念谱系的角度进一步辨析和认识其在地理、政治、法学与历史等多学科互动过程中所罕有的综合性、跨学科性、交叉性这一独特的学术现象,并从其多学科概念特征出发,对我国行政区划概念的本质属性和主要特征加以探讨。最后,在上述讨论的基础上,从文明与国家起源的角度对我国行政区划研究中的相关误用与混用进行辨析,并据此对我国行政区划的起源与形成等重要问题提出看法,旨在为进一步拓展行政区划的思想资源确立逻辑起点和理论坐标。

5.2 行政区划:古今词义的现代转换

我国"行政区划"的名称与概念是何时起源的?检视文献发现,只有周振鹤等人在《中国行政区划通史·总论、先秦卷》等一系列专著中有寥寥数语:"行政区划是一个现代的名称。""行政区划虽然是现代名称,但并不是一个现代的概念。"行政区划作为国家的职能之一,"无论中外都是自古以来就有,因此行政区划的概念也是自古就已产生。只是在中国古代没有行政区划体系这个说法,而称之为郡县制"[1-5]。然而,"行政区划"这个"现代名称""现代的概念"中的"现代"到底是指什么?这两个词的"现代"起点又是从何时开始算起?至于古代的行政区划是否就"称之为郡县制",或者说"行政区划"与"郡县制"可否就等量齐观?该系列著作均语焉未详。鉴于周振鹤等人的系列著作在行政区划研究领域影响较大,且迄今为止也未引起广泛的学术讨论,因此从行政区划学科概念史的角度加以深入讨论很有必要。

毫无疑问,我国古代是没有"行政区划"这个名称的,它是我国近代以来才出现的。我国古代与现代"行政区划"名称大体相对应的主要有"职方""分野""地理""方域""方舆""疆里"等。《尚书·禹贡》是我国最早系统全面记载古代地理的专著,也可称之为我国现存最早的古代行政区划著作。它按自然地理把疆土划分为九州,并按州记录了其山川、土壤、物产、贡赋等项。所以后人也以"禹贡"指"九州区划",是我国古代行政区划的萌芽。但作为古代行政区划的名称,以"职方"和"方域"最为普遍。所谓"职方",古指职掌方面之官。在《周礼》中,夏官所属有职方氏。《礼记·曲礼下》:"五官之长,曰伯:是职方。其摈于天子也,曰天子之吏。"郑玄注:"职,主也,是伯分主东西者。"孔颖达疏:"是职方者,言二伯于是职主当方之事也。"[6-7]唐宋至明清皆曾于兵部设职方司。清末预备立宪、北洋政府初期和民国时期在内务部亦设职方司。所谓"分野",古人按照天上星空区域与地上的国、州互相对应。我国古代天文学说把天象中十二星辰的位置与人间社会的地理分野结合在一起,这种理论就天文学来说称之为"分星",就地理来说称之为"分野",地上各邦国和天上一定的区域相对应,是分界、界限的代称。实际上是为合理化我国古代行政区划起源与形成找寻的天命根据。"体国经野""画野分州"作为行政区划的雅称,即此之谓。至于"地理"一词,汉代是在最初反映人们对地面上山川认识的词义基础上,扩展出了"行政区划"和"地理学"等含义[8]。有学者就曾指出,"中国古代地理学中最主要以透视疆域政区沿革变化为特点的'沿革地理学'体系。"[9]至于"方域""方舆""疆里"等主要是指传统的地方政事之意,语义广泛,推衍至现代,包括了地方行政或政府之意。明末清初顾祖禹著有《读史方舆纪要》;1906年清政府首设民政部,下设疆里司;1946年中华民国行政院内政部下增设方域司。因此,现代学者据此以中国地方行政制度或政治地理视角研究行政区划实乃题中应有之义。

新中国成立以后,我国在当时的内务部民政司设有区划科。1972年,将行政区划职能曾短暂划归公安部。1978年,民政部成立后,行政区划又重回民政部民政司管辖。1988年,民政部首设行政区划和地名管理司(中国地名委员会办公室),1993年改为区划地名司。同年,《中国方域——行政区划与地名》创刊,该刊名似有意将古代与现代的名称对比连接起来,是古今名称与概念通用的典型例证。由于我国古代行政区划名称的源流考证很复杂,需专门行文,此处不赘。

在这里,拟重点从我国传统的"职方"演变到现代的"行政区划",特别是其"现代性"加以重点讨论。1936年4月,著名国学大师王国维给沈兼士复信时曾说:"凡解释一字即是作一部文化史。"今人桑兵更进一步说:"清季以来,汉语言文字发生了脱胎换骨的变化,首先由《马氏文通》用印欧语系的语法重新条理,其次则从日本大量逆输入明治后的汉语新词,中文渐由以字为独立单位变成以词为单位。"因此,"解释一词即是作一部文化史"[10]。从古代的"职方""方域"到现代的"行政区划""行政区域"名称的转换,就是一部循字见人、由词观史的生动例证。我国从传统向现代的转型是在近代中国—西方—日本激烈碰撞的大框架中逐步完成的。"由于特殊的历史因缘,西方传教士尤其是日本的汉字新词创造,恰好充当了中国语言词汇传统在某种程度上'断裂式滋补'和现代性发展的'中介'。"[11]与行政区划有关的相关学科概念也不例外。考察近代西学新书在我国传播的三个阶段中,有关"职方"与"行政区划"用词的转换过程就是从传统向现代逐渐演化的过程。

一是16世纪中后期到19世纪初期。主要以明朝科学家李之藻和天主教传教士利玛窦的《坤舆万国全图》、艾儒略的《职方外纪》等为代表。书名"职方",源出《周礼》,夏官所属有职方氏,掌管地图与四方朝贡。此书所录,"凡系在职方朝贡附近诸国,俱不录,录其绝远旧未通中国者",故名《职方外纪》[12]。虽然看起来仍是传统的"职方"二字,但艾儒略用《职方外纪》的书名告诉中国读者,在"'四夷、八蛮、七闽、九貉、五戎、六狄'之外,有许多不向中国朝贡的国家,还有着一个远较中国本土更为辽阔的世界""旨在打破传统的夷夏观念"[13]。艾儒略对"中国为天下之中"的观念进行了驳证,即"地既圆形,则无处非中。所谓东西南北之分,不过就人所居立名,初无定准",也旨在破除中国"天下之中"的迷思[14]。因此,这里的"职方外纪",相当于"外国行政区划介绍"之意,显然已对我国传统职方概念有了很大突破。

二是19世纪初期到晚清第二次鸦片战争时期。主要以基督教新教传教士,如马礼逊的《华英字典》、卫三畏的《英华韵府历阶》、裨治文的《美理哥合省国志略》《大美联邦志略》等为代表。"在清末民初,大量带有'现代性'内涵的各种新名词和新概念的传播,正是伴随着一种重视定义的现代新式词典的编撰和逐渐流行这一文化现象的。"[11]这一时期,虽然仍未见行政区划名称的出现,但"在最早的双语字典中,与中文'政治'对应的西文词汇,除了'politics'之外,常常还有'administration''gouverner(法)''government''regeering(荷)''administration government''art of government'等。也就是说,根据在中国的西方早期观察家——那些双语字典的编者们所考察,来自日本的汉词——'政治'在当时还包括了'行政''政府统治''统治艺术'等更多层次的含义"[15]。而在1861年裨治文《美理哥合省国志略》基础上编著、改译的修订版《大美联邦志略》中仍可见"分野"以及"建国立政""设官分职"等传统经典用语[16]。这表明虽然古代的名称还在沿用,现代名称仍未产生,但无疑在中西对译中"行政"的现代含义已呼之欲出。

三是以1862年清廷设立京师同文馆等翻译机构为标志,进入清廷有计划地由外国人、中国人共同翻译的时期。此时,"行政区划"这一名称中"行政"的含义即在译介西方三权分立的过程中已经隐然出现。这从表5-1中不难看出。一般认为,最早对"三权分立"之意较为准确的介绍者为1841年林则徐组织翻译的《四洲志》和1864年美国人丁韪良翻译的《万国公法》。前者把"三权"翻译为"立法""行法""审判";后者将其翻译为"制法/定法""行法""断法/司法"。"行政"一词,最早出现在美国人林乐知的《译民主国与各国章程及公议堂解》一文中,对"administration"既有"行权",也有"行政"的译法。此后,"行法""行权""行政"的译法也通过大量中译本传入日本,是为"行法"与"行政"并行的时期。意大利学者马西尼认为行政以现代意义使用始见于1895年黄遵宪的《日本国志》一书[17]。而在出使日本时较早较完整介绍"三权"的是黄遵宪于1887年5月完稿、1895年正式出版的《日本国志》和1889年傅云龙的《游历日本图经》,前者明确提出"初朝廷有立法行政分为二权之论";在后者中,"立法""行政""司法"等词多次出现[17]。这可能是把三权分立意义上的"行政"一词引入中国之始。但即使如此,在较长时期内"行政"与"行法"二词一直处于交替混用状态。1899年《清议报》三十一册《记吉隆华商倡祀孔子圣诞》有:"执行权,即今所谓行政权。"同年,梁启超在《各国宪法异同论》一文中也说:"孟德斯鸠又云：'行政权，即行法权也。'后世学者，多诵此语。各国之宪法，亦多引用之。"[18]这种状态一直延续到1910年清政府颁布《行政纲目》："谨按宪法大纲君主立宪政体，君上有统治国家之大权。凡立法行政司法皆归总揽。"至此，"行法"一词几乎完全被"行政"的用法所代替，"行政"作为一个真正具有现代汉语词汇的面目出现了。

表5-1 晚清部分书籍、报刊、日记中有关"三权"的翻译

序号	年份	译著者或作者	著作名	对"三权"的翻译
1	1841	林则徐	《四洲志》	立法、行法、审判
2	1864	丁韪良	《万国公法》	制法/定法、行法、断法/司法
3	1875	林乐知	《译民主国与各国章程及公议堂解》	行权（行政）、掌律（司法）、议法（立法）
4	1876—1879	郭嵩焘	《使西纪程》《伦敦与巴黎日记》	定法、执法、审法
5	1877	马建忠	《适可斋纪言》	定法、执法、审法
6	1878—1886	曾纪泽	《出使英法俄国日记》	定法、执法、审法
7	1889	傅云龙	《游历日本图经》	立法、行政、司法
8	1894—1897	宋育仁	《泰西各国采风记》	议法、行法、断法
9	1895	黄遵宪	《日本国志》	立法、行政

事实上，"行政区划"之所以是一个现代名称，主要由传统行政观念向现代行政意涵的转型所决定的。我国"行政"一词渊源有自。从字源来说，"行"和"政"在我国古汉语中是具有独立含义和用法的两个字。在我国古代典籍中也早已有之，使用也极为普遍。我国传统上的"行政"两字连用主要是指君王"行天子事"即"天子行政"或专指君王之外的圣贤、权臣的"代行天子事"的"臣子行政"以及"行政事""行政令"等具体含义。因此，古代"行政"侧重"政"，只讲贯彻君主权臣的意志，为专制政体服务；现代"行政"则侧重"行"，讲程序和规则，与民主政治相关；传统的"'行政'历来没有'中央''地方'之分。对于天子'行政'，也不存在'权力'的疑问"[19]，也更没有"政治"与"行政"之分。"行政区划"一词也正是在"行政"的现代性意义上，获得了与我国古代"职方""方域"的本质区别。

5.3 "行政区划"一词的起源与流变

那么，"行政"与"区划""区域"两个词又是何时组成一个新词，表达与我国古代行政区划的含义大体相通或基本相同的名称和概念的呢③？

在追溯"行政区划"的起源与流变之前，有必要简要梳理"区划（区域）"

的词源问题。

(1) 我国古汉语中"区""划""域"等也都是具有独立意义的单字,古已有之。"区"始于商代甲骨文。"区之义,内藏多品,古文引申为区域,为区别。古或假'丘'字为之,如区盖亦作丘盖,区宇亦作丘宇是也。"[20]在现代汉语中,"区"多指分别、区分,地域以及行政区划单位,如自治区、市辖区、县辖区。《说文》:"划,锥刀画曰划。""谓锥刀之末所画,谓之划也。"[20]在现代汉语中,"划"意指划分、分开;拨给、转拨;计划;同"画"之意。画的繁体为"畫",本义即划分:上部是"聿",像以手执笔的样子;下部像画出的田界;整个字合起来,像人持笔画田界之形。所以《说文》说:"画,界也。象田四界,聿所以画之。"[20]所谓"画为九州""画野分疆""画土分贡",都是指划分疆域而治的意思。所谓"画地",即在地上画界限;所谓"划界",即划定疆界。中国古代商周实行分封制,王划分封地给诸侯,诸侯定期向王朝贡。至于"域",本作"或",与"国"同义。"域:或从土。既从口从一矣。""或者,封也,国者,邦也;天子诸侯所守土为域,所建都为邦。"[20]在现代汉语中,"域"意为在一定范围内的地方,如区域、领土。由此可见,我国古代的"划"与"画",在划分疆界的意义上是相通的,这也是一般把"行政区划""行政区画""行政区域"视为同义的原因。

(2) 关于"区划""区域""区画"连用的情况。"区划"一词相对晚出,一般认为,最早见于宋代学者叶梦得《避暑录话》卷下"劝民出粟,自为区划",意为筹划安排。"区划"另一义即划分。《辞源》中无"区划"一词。在《近现代汉语辞源》中"区划(区画)"一词,意指"地区的划分"。所列早期书证是1899年《清议报》二十二册《论英俄协商与中国之关系》:"……各区划之内地,实行吸收其利益。"[18]"区域"一词连用则要早得多,其最早见于《周礼·地官·序官》的"廛人",汉代郑玄《周礼·廛人》注:"廛,民居区域之称。"一谓土地的划界,指地区。如魏晋时期潘岳的《为贾谧作赠陆机诗》:"茫茫九有,区域以分。"一谓界限、范围。如晋代陆机《吊魏武帝文》:"死生者,性命之区域。"[21]至于"区画"一词,《辞源》中亦无。《近现代汉语辞源》早期书证见于1923年丁謇盦《初级本国地理》卷上:"区画,我国疆域大率因山川之形式而定。"[18]但实际上更早的书证还有很多。后文有证,此处不赘。

由此可知,我国"行政区划(区域)"一词中的"行政""区划""区域"都不是一个现代的名称,而是古已有之。但从我国传统"行政"词义基础上以西方三权分立为主基调扩展出来的现代"行政"一词,明白无误被赋予了新的内涵之后,当然是一个西学东渐的新词。这也说明"行政区划(区域)"确实是一个具有现代意涵的新名称。

关于"行政区划(区域)"词源的学术考察,目前尚属空白。《近现代汉语辞源》中有关"行政区划""行政区画""行政区域"三个词的早期书证资料分别见于1902年、1903年和1911年。

(1) "行政区划"的书证:1902年吴汝纶《东游丛录》:"据贵国今日行政

区划言之,京师宜立大学校,其下附豫备门,凡有中学卒业程度者得入之。"

(2)"行政区画"的书证:编者标明主要由日本的用语转译而来:"[日]行政区画(ぎょうせいくかく)。1903年关赓麟《日本学校图论》:'教授用品表……地理:本国及世界地形图、世界分图、本国行政区画图。'"

(3)"行政区域"的书证:"1911年《大清民律草案》第六十六条:'外国法人不认许其成立;但国家及国家之行政区域商事公司,或法律条约所认许者,不在此限。'"[18]

但进一步查证发现,实际上这几条书证仅仅还只是词源流变的一个线索而已。仅据笔者查阅资料,以能大体反映"行政区划(区域、区画)"一词的流变情况,整理成表5-2。现结合多方面查证资料对其接受、使用和流变情况加以分析。

表5-2 中日早期部分以"行政区划"冠名的文章或书籍情况

序号	文章/书名	作者/编者	发行者	卷期号/版号	出版年份
1	*The Only Glimpse Ever Obtained into the Interior Economy of That Mysteriously*(《对该神秘行政区域内经济的唯一了解》)	字林洋行(英语发行)	*North-China Daily News*(《字林西报》)	第002版	1865
2	《地方行政区划便览》	日本内务省地理局	东京忠爱社	—	1887
3	《外报州地行政区划改正/事由》	—	《官报》		1889
4	《冲绳县治一览,(第八)行政区画》	日本冲绳县	—		1889
5	《香川县令达类聚,行政区画》	日本大岛铁次郎,香川县内务部第一课	—	明治二十三年卷之1	1890
6	《香川县令达类聚,行政区画》	日本大岛铁次郎,香川县内务部第一课	—	明治二十三年卷之2	1890
7	《大分县町村现况一览,管内行政区画》	日本大分县			1894
8	《历史第六 欧美各国立宪史论》	佩弦生	《新民丛报》	上编3,第1—24期	1903
9	《论政治能力 新民说二十四》	中国之新民	《新民丛报》	第3卷第1期	1904
10	《论满洲当为立宪独立国》	—	《东方杂志》	第6期	1904

续表 5-2

序号	文章/书名	作者/编者	发行者	卷期号/版号	出版年份
11	《西藏不能设行省》	—	《东方杂志》	第11期	1904
12	《论地方自治之大义选学 译代论》	—	《申报》	第002版	1906
13	《韩国改划行政区域》	—	《广益丛报》	第22期	1906
14	《全国行政区划表》	内务部职方司第一科	内务部职方司第一科	—	1908
15	《行政区划(录〈晋阳公报〉)》	—	《四川官报》	第9期	1909
16	《论省直行政机关之组织与其权限及与下级行政区划之关系》	吴钧	《宪政新志》	第1—2期	1909
17	《变更各省域以适于行政区划议》	中国地学会	《地学杂志》	—	1911
18	《厘定行政区域研究会公启》	李志敏	《地学杂志》	第3—4期	1912
19	《厘定行政区域研究会简章》	李志敏	《地学杂志》	第3—4期	1912
20	《厘定行政区域备考》	白月恒	《地学杂志》	第7—12期	1912
21	《改组行政区域议》	慰依	《共和言论报》	第1期	1912
22	《日本行政区划(附表)》	陶亚民	《地学杂志》	第5—6期	1912
23	《上海县行政区域表》	—	《上海公报》	—	1913
24	《厘定行政区域说明书》	—	《地学杂志》	第3—6期	1914
25	《现行行政区域一览表》	内务部职方司第一科	商务印书馆	—	1914
26	《民国行政区划要览》	行政区划研究社	—	—	1914
27	《内务部训令各省民政长凡行政区划之变更废置系属行政官属权限文》	—	《政府公报分类汇编》	第24期	1915

笔者所仅见,《近现代汉语词源》有关"行政区划"1902年的书证仍是国内所见的最早中文书证。从表 5-2 不难看出,1908 年内务部职方司第一科就编印了《全国行政区划表》[22],已为官方采用。但早在 1904—1906 年,使用"行政区划(区域、区画)"一词已开始增多;1911 年以后,"行政区划"一词开始被较多地运用到中华民国北洋政府的法律制度规范术语中,这可能与清末民初康有为、梁启超等带动的广泛讨论省制改革和北洋

政府多次欲推动落实缩省或重划省制方案有极大关系[23]。如 1912 年公布的《众议院议员选举法》"第二编 各省议员之选举"之"第一节 选举区划"中"第十二条 行政区划之境界有变更时,选举区一并变更"。1918 年该法修正时,仍沿用了"行政区划"一词,同时还增加了"各省及各特别行政区议员之选举",并首次在法律层面提出了"特别行政区"及"特别行政区长官"的概念[24]。1914 年全国印行了《民国行政区划要览》等。此后,陈庆麟的《制宪声中析道废省之研究》中有三处提到"行政区划"一词。开首即说:"吾国行政区划,沿袭前代省制之旧。"特别值得注意的是杨栋林的《缩小省区问题》(又名《中华民国地方制度商榷书》)一书,不仅已广泛应用"行政区域"一词,而且提出了"地方行政区域""最高行政区域",还有所谓"军政区域""经济行政区域""特种行政区域""文化行政区域""教育行政区域"等词。在该书"中编 具体方案"的"第一章 中华民国行政区划拟议案"中,提出了"新行政区应注意之点六项:一曰省区命名,二曰省治所在,三曰属县总数,四曰面积广狭,五曰经济条件,六曰其他事项",并对这六项内容进行了具体阐释。该书应是国内较早就行政区划理论与原则、划分原则与标准、特种行政区域划分以及具体划分方案、实施步骤等进行全面论述的著作之一。

至于"行政区域"一词,1865 年英文《字林西报》(*North-China Daily News*)上所出现的"administered district"一词,虽然今被译为"行政区域",但正如前文所提到的,在最早的双语字典中"administration"也同时被译为"政治""管理"等义;同时,当时中文"行政"现代意涵的最早译法也尚未出现,似还不应列入最早书证。张文范主编、中国行政区划研究会编的《中国省制》一书显示,中文"行政区域"一词的早期书证见之于 1904 年的《西藏不能设行省》。该文主要针对"近人谋西藏善后者",在是"设为行省"还是"当派一将军镇以重兵"的意见出现分歧时认为,若在西藏"乃欲建设行省。无论其宗教、语言、文字之大相径庭也,即幸而与我渐习而同化焉,然以我国行政区域之纠纷,其与新疆置省之利害,相去又几何哉"[25]。这要比《近现代汉语词源》的书证资料要早 7 年。而据学者对我国清末民初部分以"行政"冠名文章的统计中发现,1906 年已有《韩国改划行政区域》等介绍国外情况的相关资料了[19]。1917 年段祺瑞执政时期内务部制定了《改革全国行政区域意见书》,并提出了政区划分的九条依据:面积、山川形势、地理沿革、辖县、交通、参酌人口财赋、有华离交错者酌量划拨、搜集增设省道各成案及特立新区、固边圉[26-27]。这说明在当时的省制讨论中,无论是在政策实践还是在学术研究中,都已特别注意到行政区域调整所应坚持的基本原则或标准依据。

这里,特别要注意的是"行政区画"一词的起源。前已述及,尽管在一定意义上,"区划"与"区画"是同义的,但从我国古代分封制之"体国经野""封邦建国"的含义来看,似乎"区画"要比"区划"一词更能体现我国古代"画野分州"的含义。据目前所见资料,汉语中具有政治区划意义上的"区画"一词最早出现于英国伦敦传教士伟烈亚力 1857 年在上海创办的第一份中文报纸《六合丛谈》。该报有一个常设的新闻类栏目《泰西近事述略》，主要记述西方各国和中国周边各国的近况。在该报第三号、第十号、第十三号连续刊出"列国公使"就"俄土接壤之地曰摩拉达维、蔑拉几，按旧岁约定，区画疆里"。经过各国遣使前往"度地绘图""为之区画"后，对两国有关争议之地，"今各剖分，以中间错落小河为界，区画已妥，彼此俱毋得越界矣"④。无独有偶，光绪八年（1882 年），即中法战争前，清廷内部在面对中越沿边由"本是一家"到"他族逼处"的情势转换下，曾经先后提出过三种"区画"近边地区的方案。两广总督张树声提出，"若用汉代护属国中郎之义，本朝驻藏大臣之制，妥为区画，则越南之社不虚，中国之边亦靖"。云贵总督刘长佑提出，"所幸连接总署来函，似于区画北圻一策最为关心，虽尚以下手之难，转向诘问，意在各督抚同声一诺，便可照行"[28]。此处最早两例用法，均为国境间之"区画"问题，意味深长，值得今后进一步深究。1887 年，日本内务省地理局曾编辑出版过东京忠爱社出版的《地方行政区画便览》一书[19]。除此之外，笔者在上海图书馆"日本国立国会图书馆电子资源"数据库以"行政区划"为主题词检索发现，在共 2 039 条文献中，以"行政区画"为题最早分别是 1889 年 11 月和 12 月的《外报州地行政区划改正/事由》（《官报》）以及《冲绳县治一览，（第八）行政区画》（日本冲绳县）的两个文献。从 1887—1900 年前，至少有 8 条文献。仅从时间来看，日本最早使用"行政区画（区划）"一词要比我国早 15 年。虽然，根据前述与"行政区画"意涵相同或相似的用法最早已有中文用法，但完整意义上的"行政区划"一词最早似应源于日语。

1904 年由南洋公学张元济等人翻译的《新译日本法规大全》（简称《大全》），是当时引进日本法律最为全面的一部。而《大全》最初又是据明治三十四年（1901 年）内川义章编《现行类聚法规大全》第二版翻译的，1904 年又据第五版做了补译订正。光绪三十二年（1906 年）清廷宣布"预备立宪"时，《大全》同时校改完成[29]。据该书资料，日本明治二十一年（1888 年）制定了《市制》的法律；明治三十二年（1899 年）又分别制定了《郡制》和《府县制》的法律。明治二十九年（1896 年）和明治三十年（1897 年）又分别制定了《冲绳县区制》（敕令）、《北海道区制》（敕令），其中均有"区，不属于郡之区域，别为行政区划。但依法律命令，不妨特设行政区划，不与区之区域符合"的条文表述[30]。明治三十三年（1900 年）《众议院议员选举法》在"第一章 选举之区域"第七条中有"虽因行政区画之变更，选举区生异动，现任议员不失职"[31]。这说明 1903 年关赓麟等使用"行政区画"一词时，日本已较流行使用"行政区画"一词。1913 年，梁启超代进步党《拟中华民国宪法草案》，在对第二条款之说明中有"今采概括规定主义，因固有之领土，久为本国及外国所公认，列举从前行政区画之名称，一病挂漏，二病繁衍，三病空漠，四则区划若有变更时，宪文立须修改，更病烦扰。故但概括规定而已足也"[24]。1919 年，在《中华民国宪法草案说明书》中有"行政区画变更，辄须修改宪法,不胜其烦",其后又进一步说明,"且宪法之所以规定国土者,一、所以表示宪法之施行之区域;二、所以明定国土变更及区画变更之手续,以示慎重"[24]。梁启超作为清末引进日语译词的主将,显示其更偏爱使用"行政区画"一词,不无原因。

由此可知,"行政区划"包括"行政区域""行政区画"一词的完整使用,最先应是日本以汉语的"行政""区画"为基础创制的新词,经译介再引入我国,并逐渐被国人广为接受。因此,我国"行政区划(区域)"这一名称,大体上应是在19世纪末至20世纪初形成、确立和使用的。那时候的"行政区划""行政区域""行政区画"三个词的词义基本没有区分,名称虽不同,含义则相同,因而处于混用状态。只是"行政区画"一词,最终没有广为流行而已。

5.4 "行政区划"的概念谱系与学科确立

对"行政区划(区域)"的词源辨析,说明其确系是一个现代名称。那么,它是不是一个现代概念呢?笔者以为,由于西学东渐后"行政"一词在三权分立意义上扩展出来的现代意涵,应该说"行政区划(区域)"也无疑应该是一个"现代"的概念,只是这个新的概念继承、丰富和超越了我国古代原有的行政区划概念。因此,进一步对"行政区划(区域)"词源流变的追溯,是为通过其概念谱系的辨析,为我国行政区划学科建构提供更为科学、清晰的基本框架和思想基础。

在溯源"行政区划"与"行政区域"概念之前,有必要对我国传统的行政区划概念做些分析。学者王力指出,"在语言里,词是能表者(它能表示一个概念),概念是所表者(词所表示的是它)。能表者与所表者的关系不是天然的,而是历史造成的;因此,这种关系就不是固定的,而是可以变化的。……能表者如果要换一个所表者,在正常的情况下,它只能转化为邻近的或与原意有关的概念,而不能任意变换。这种转化,在中国文字说上叫作'引申'"[32]。因此,从我国深厚的语言文化传统向现代性思想资源转型和过渡的进程中,清末民初那些直接译自西方的新名词、新概念与来自日本创造的汉字新名词、新概念,无疑在某种程度上起到了"断裂式滋补"和现代性发展的"中介"作用。我国古代确实没有"行政区划(区域)"的名称和概念,但却有与其历史发展相应的名称与概念。前已述及,一般公认的古代"职方""分野""地理""方域""疆里"等大体相当于我们现在所称的"行政区划"或"行政区域";至于其概念,虽然古人在不同名称下从不同侧面都给予其相应的定位,但无论其名称如何改变,却绝不能任意变换,而只能转化为邻近的或与原意有关的概念。从"职方""方域"到"行政区划""行政区域"概念的现代性转化,也同样遵循这一语言演化的基本规律。如果说《尚书·禹贡》的"禹别九州,随山浚川,任土作贡。禹敷土,随山刊木,奠高山大川"是最早描述和开创我国古代行政区划源头的话,那么《周官》所谓"惟王建国,辨方正位,体国经野,设官分职,以为民极"这 20 个字就是我国古代最早的行政区划概念。甚至可以在某种意义上说,我国现代行政区划的具体内涵在总体框架至今都没有超越这个基本范畴。

成书于战国时期,相传为周公所作、由孔子修订的《周官》,不仅是一部我国古代经典的典章制度经籍,也是被今人誉为我国早期"统一的联邦国家"的"统一的宪章和法典"。上述这 20 个字就是统率《周官》"六典"的总经。《周官》的释家一般对"王"和"国"较少关注。其实,这恰好是事关我国上古早期国家的国体、政体的关键所在,也是确立我国行政区划典章制度的最高概括。根据学者看法,"王"有三义:"一谓王道。王道者,奉元而治也。""二谓主治之人,行政首长是也。""三谓'邦'即'邦国'的代称。"至于"国"在《周官》中也有三种用法:"指联邦国家,如'国有常刑''国有大刑'等;指合成联邦的各'邦国',如'大国三军,次国两军,小国一军'等;特指城市,如'国人,野人'中的'国'。""'惟王建国'的意思,就是整个联邦国家及其一级联邦行政单位——'邦国',统由王——联邦政府,按王道也即仁政要求建立起来。孔子在这里继承了周代由'邦国'联合而成为联邦制的国体,而革除了由受民受疆土的诸侯建国的方式;是'惟王建国'而不是由诸侯建国。"正是由于"王道""邦国"的确立,然后"别四方之远近广狭而正王都之位","不管是'国'还是'野'都要丈量和规划,提出城建方案和农田沟洫规划"。"设立百官府,通三百六十职""以九职任万民",即对联邦国家进行组织分工,确立"王"和"六官"的职司与组织分工,确定王畿即联邦各邦国地方政府的组织框架,明确邦国的自主权限和必须履行的基本义务[33-35]。这已经涵盖了现代行政区划制度的基本方面。因此,将其定位于我国古代行政区划最全面的定义也是名实相符的。

至于我国现代"行政区划"概念的最早提出者,周振鹤认为是童书业"正式提出了'行政区划'概念"。经查周振鹤所指应该是 20 世纪 30 年代童书业在光华大学授课的讲义《中国疆域地理讲义》,该讲义于 1946 年 4 月以《中国疆域沿革略》的书名出版[36]。但遍观全书,只在该书第二篇用了"历代地方行政区画"作为篇章题目,并无何谓"行政区划"概念的任何表述。当然,若就该书内容来看,以现代行政区划的观念来描述我国古代行政区划建置沿革应无疑义⑤。其实,如不太过苛严,在 1906 年《新译日本法规大全》校改完成后的 1907 年,为方便国人对该《新译日本法规大全》中的专门术语进行阅览,由钱徇、董鸿祎编纂了《日本法规解字》,作为《新译日本法规大全》的"附录"由商务印书馆出版,这也是我国学人编著的第一部日本法规小词典。全书共收录了 1 918 个专用名词,其中就有对"行政区画"的解释与说明:"计一国行政之便利,而画定区域,名曰行政区画。"[37]虽然这一解释过于宽泛和简单,但言简意赅,直指根本,倒不失可视为现代行政区划概念的最早提出者。此后,一直到 1978 年之前,虽然行政区划(包括行政区域)一词已被广泛使用,但鲜见有公开发表专门讨论或定义"行政区划(区域)"比较翔实的相关文献。

我国比较全面和完整地对"行政区划（区域）"进行定义是到了改革开放以后。以国内最权威的《辞海》和《中国大百科全书》来论，前者更倾向于行政区划概念的综合性，而后者则侧重于分科性。在《辞海：1979年版》中，首次把"行政区域"列入词条："国家为进行分级管理而划分的地方。这些地方都设有相应的国家机关。我国的行政区域，根据宪法规定，全国分为省、自治区、直辖市；省、自治区分为自治州、县、自治县、市；县、自治县分为人民公社、镇。"[38] 1989年根据当时形势变化，《辞海：1989年版》除了对"行政区域"一词做了相应修订外，第一次新增加了"行政区划"词条："国家对行政区域的划分。划分行政区域，主要依据政治、经济、民族、人口分布、地理条件、国防需要、历史传统等方面的因素。社会主义国家行政区划的基本原则是：① 政治原则。促使国家机关密切联系人民群众，便利人民群众参加国家管理。② 经济原则。照顾不同地区的经济特点，务求有利于发展社会生产力。③ 民族原则。促进各民族的发展，加强民族间的团结。"[39] 这应是国内有关"行政区划"的权威定义。

现代学术的基本特征是"分科立学"和"一科一学"。但新时期以来比较权威的行政区划定义，则由于本身涉及地理学、法学与政治学等学科，因此各学科都有自己的定义，且有各自领域的侧重点。"行政区划（区域）"这种综合性、跨学科的交叉现象以及多学科分别定义的特点，本身也是极鲜见且值得研究的一种学术现象。

"行政区划"最早应是一个法律概念。除了上述钱徇等编纂的宽泛定义本身就来自引进的法律领域外，从北洋政府起制定的相关宪法等法律文件都已广泛使用。1913年初，王宠惠撰写了《中华民国宪法刍议》，在下编第九节"省制"中提出了"行政区域"入宪的问题。时人虽有反对之声，但无独有偶，同年康有为在《拟中华民国宪法草案》第十二章第一百零四条中也提出，"凡各地方以道、府、州为上级行政区，其下级以县、市、邑、乡为政区"。之后无论是官方还是学者撰写的多部宪法案中，有关行政区划入宪问题渐成共识。1923年《中华民国宪法》（即"贿选宪法"）的第三章第三条规定："中华民国国土，依其固有之疆域。国土及其区划，非以法律，不得变更之。"第十二章第一百二十四条："地方划分为省、县两级。"[40] 至此，从国家宪政层面对行政区划制度做具体规定成为先例。新中国著名的第一部宪法即"五四宪法"第四节第五十三条也无例外地表述为："中华人民共和国的行政区域划分如下：（一）全国分为省、自治区、直辖市；（二）省、自治区分为自治州、县、自治县、市；（三）县、自治县分为乡、民族乡、镇。直辖市和较大的市分为区。自治州分为县、自治县、市。自治区、自治州、自治县都是民族自治地方。"[41] 此前，新中国的政务院专门发布了《关于处理行政区划变更事项的规定》（1952年政政邓字第139号令），这是新中国成立以来第一部从国家层面专门就行政区划制度方面制定的法律规范。自此以来，我国有关行政区划的法律法规已有几十部之多，基本确立和形成了我国现代行政区划较为完备的法律制度体系。1984年"行政区划"词条进入《中国大百科全书：法学》[42]。

从我国传统来说，"行政区划"还是一个地理概念。从我国最早的《尚书·禹贡》《汉书·地理志》等史书与方志，再到如《天下郡国利病书》《读史方舆纪要》等鸿篇巨制，从传统地理沿革到历史地理学科建立，再到政治地理学的建构，地理都成为行政区划研究的自然地域空间基础。传统的政区划分，无论是山川形便还是犬牙相入，都是对自然与人文地理的一种区域划分形式。1912年，中国地学会成立了我国第一个"行政区域研究会"，就是以地理学家为主体。在《厘定行政区域研究会简章》第四章"会员资格"中声明，该会延请的会员为研究政治的学者、研究地理的学者、熟悉本省或他省之民情风俗山川形势者。洪绂、胡焕庸、吴传钧等中华民国时期的全国省制改革方案的参与制定者，也是以地理学家群体为主深度参与。1983年版《地理学词典》将行政区划定义为："在一个国家的领土上，根据行使国家政权和执行国家任务的需要，并考虑地理条件（如山脉、河流等）、传统历史、经济联系和民族分布等状况，实行行政管理区域的划分和调整。"[43] 1990年，"行政区划"词条开始进入《中国大百科全书：地理学》[44]。

但从根本上说，行政区划更是一个政治概念。"国之大事，在祀与戎。"无论称《周官》还是后来叫《周礼》，行政区划不仅是国家政治结构的重要载体，而且是规定国家权力空间等级秩序规范的基本形式。由《周官》"分官设职"而传之《唐六典》《明会典》，再到《大清会典》，就是对古代国家权力运行制度与结构的全面规定。到了现代国家诞生，作为国家之根本的宪法，不仅具有法律意义，而且具有政治意义。由此，行政区划的政治意涵，不仅在于明确国家的国体、政体等根本政治制度的建立，而且在于中央政府与地方政府的层级划分、职责权限以及各行政层级的人、财、物的配置方式、规模大小等各项制度性安排。而行政区划之所以具有现代性，就是在国体、政体这一国家根本政治制度层面上与传统的"职方""方域"有了本质区别。"行政区划"词条于1992年开始进入《中国大百科全书：政治学》，相对最晚[45]。

由此可见，我国行政区划的法律、地理和政治三个分科概念是构成其综合概念的三大支柱。"行政区划（区域）"概念的确立，是与新时期行政区划的时代要求分不开的。1989年，民政部首任行政区划和地名管理司司长张文范提出"创立行政区划学是行政区划实现科学化管理的基本要求"，将其作为"一门以行政区划为研究对象的社会科学"，认为"其主要目的和任务是揭示行政区划的内在规律和科学方法论，是一门实践性很强的应用科学"。行政区划学作为"一块未开垦的处女地"，应"促使我国行政区划学早日问世，填补我国行政区划研究的空白"[46]。1988年民政部专门设立了行政区划和地名管理司；1989年全国首届行政区划研讨会召开；1989年中国行政区划研究会成立；1990年在华东师范大学设立至今仍为全国唯一的中国行政区划研究中心；1991年第一部中国行政区划论文集——《中国行政区划研究》问世;1993年刘君德教授正式提出"行政区经济"理论。这些是我国新时期行政区划发展史上的六个标志性事件,说明我国行政区划进入制度、理论、研究、学科建设的新阶段。自此以来,"中国行政区经济与改革丛书""当代中国城市—区域:权力·空间·制度研究丛书"以及《中国行政区划通史》《行政区划概论》等学术成果相继问世,一大批有关行政区划政策研究的调研报告、论证方案、设置标准等应用成果付诸实施。

但客观而言,目前我国有关行政区划的法律概念讨论相对更加成熟、法制规章也更加完备,特别是有关我国行政区划政府管理职能的法律依据比较充分,但在法制规章与政策实践之间仍存在难以衔接的问题[47];同时,从《中国大百科全书:法学》《中国大百科全书:地理学》《中国大百科全书:政治学》三个分科概念来看,学科概念的区别度不高,框架体系不够明晰,特别是没有很好地突出三个分科之学概念的本质特征,更没有进一步对与三个分科之学相关的其他关联学科做进一步的逻辑架构。这也导致分科性概念与综合性概念之间的张力与层次都没有清晰地体现出来,各支柱学科与关联学科难以打通,或者封闭在自身的学科之内,缺乏宽广视野和前瞻性;或者散漫在浅表的学科边际,难以深入到本质问题,缺乏真正的问题意识等。这都与学科思想、观念、概念本身扎实的学术建构不足和理论逻辑不清息息相关。

5.5 重新厘定:行政区划的起源、发展与形成

上述对"行政区划"名称与概念流变的梳理,虽然是本章的核心所在,但最终目的并非仅仅从学科概念史角度在知识性空白方面得到确认,而是要通过名称与概念的讨论为多学科深入研究我国行政区划的起源与发展提供一个较为坚实可靠的理论和逻辑起点。

实际上,我国学术界一般对行政区划概念的讨论基于两个理论基石:一是新中国成立以来,学者都把恩格斯1884年在《家庭、私有制和国家的起源》中的一段话作为理论根据:"国家和旧的氏族组织不同的地方,第一点就是它按地区来划分它的国民……这种按照居住地组织国民的办法,是一切国家共同的。""第二个不同点,是公共权力的设立。"[48]这不仅成为行政区划定义讨论的理论起点,而且成为我国行政区划历史阶段划分的思想依据。二是我国行政区划制度的确立深受苏联社会主义行政区划制度的影响。1917年6月,列宁在全俄工兵代表苏维埃第一次代表大会上首次表示可采用联邦制:"让俄国成为一个自由共和国的联盟吧。"⑥十月革命胜利后,列宁提出,苏维埃国家在摧毁旧的资产阶级、地主阶级国家机关,建立社会主义国家机关的过程中,应当取消旧的行政区划,建立新的符合无产阶级和劳动人民利益的行政区划。其中,这种旧的行政区划体制就是指"古代(东方各国指受到西方殖民者入侵前,西欧各国指资产阶级革命

前)各国的行政区划基本上是统一封建国家加强统治的一种手段,自上而下进行划分,皇权或王权至高无上,属于高度中央集权的单一制类型"。在这一思想指导下,苏联建立了所谓新的行政区划新体制。1936年《苏维埃社会主义共和国联盟宪法》颁布,1937—1938年陆续出台各加盟共和国宪法,分别用基本法的形式确认了包括州、区两个主要环节的加盟共和国行政区划体系[49]。之后,苏联对国内外行政区划的研究大多与经济区划及地域生产综合体的研究相结合,这也是苏联地理学的一个特色,并深深影响了我国行政区划的学术和政策研究取向。

综合来看,我国学术界目前通行的"行政区划"概念,无论是从《辞海》的综合性概念还是《中国大百科全书》的分科性概念来定义,强调的不可或缺的主要内涵有六个方面:① 国家是行政区划发生的前提;② 遵照国家宪法及相关法律规定;③ 依据国体、政体的本质属性确立行政区划的制度形式;④ 综合考虑自然、经济、政治、社会、文化、人口等诸因素划定各层级行政区域;⑤ 确定中央与地方各层级的行政建制;⑥ 设立相应的行使公共行政权力的国家机关和政府驻地,明确施政权限与范围。在这个意义上,一方面必须承认有关行政区划的内涵确实是悠久、深厚的,但另一方面"行政区划"这个概念本身是近代以来才出现的,而形成比较完整的概念更是现代的事情。讨论"行政区划"的起源与发展阶段等问题,都必须在明晰其概念谱系的基础上,既不能单纯用现代的概念来衡量过去的客观事实,削古代的"足"适现代的"履",也不能用传统的观念来规范已经变化的发展趋势,从已移动的"舟"寻找掉落在原地的"剑",这都是违背客观事实和逻辑发展基本规律的。

国家是人类历史发展到一定阶段的产物,是人类社会由野蛮时代进入文明时代的重要标志。国家的形成也不是突然产生的,从血缘划分氏族到从地缘划分国民,从设立较为简单的公共机构到比较完备的公共机构的形成,其间都有一个较为漫长和错综复杂的演变过程。行政区划之所以又被人们称为一个"国家的叠影",是因为当且仅当行政区划是国家形成以后的产物[50];行政区划从其思想起源到简单划分,也经历了较为漫长的思想认识和权力结构的演变过程。因此,在一定意义上,国家与行政区划可视为同源,行政区划是国家权力的空间投影。这也是直至今天,虽然不同的学科、不同的学者对行政区划的定义在侧重点上有所不同,但都不约而同地把国家的产生作为定义行政区划基本前提的重要原因。正如国家与行政区划如影随形那样,如果说我国古代的"惟王建国"中的"王"与"国"的权力本质与关系属性决定了古代行政区划的建置形式,那么现代的国体和政体的本质属性也决定了行政区划的制度类型。因此,要较好地解决上述行政区划起源与阶段划分问题,就必须从行政区划的基本概念和要素出发,既体现行政区划的共同属性,也反映行政区划的主体特征。

讨论行政区划的本质属性与主体特征至少有三个层面需要思考:一是从国家这一共同属性来说,要明确国体、政体对行政区划本质属性的总体性规定。从国体来说,要明确谁来统治,即国家权力的来源与主体是谁。从政体来说,要明确怎么实现统治,即权力主体要通过什么方式来体现其统治。二是从国家结构制度即从权力中心与权力分散的关系或者说中央与地方的关系角度,明确国家政权机关是通过什么原则、方式进行组织架构、权责划分与势力均衡。三是行政区划的主体要素构成,如建制类型、层次幅度、区域人口、中心边界、法律制度等是否能较好地达到或实现其国家根本目标,即国家权力、组织结构与地理空间是否能相互耦合。

在这个意义上,我们需要反思行政区划研究中的两个误用:

第一个误用是有关"封建制"与"郡县制"的问题。秦始皇废封建、设郡县确实开创了一个新纪元,这也是自古以来人们通常把封建制和郡县制放在同一个对立层面上来进行讨论的缘故[51-53]。但近代以来,因严复以"封建"对译"feudalism",之后又因泛化封建观的原因,几乎使封建制与郡县制成为近义词乃至同义词。虽然我国学术界自20世纪上半叶特别是下半叶90年代以来对"封建"问题分别从语源、经济制度、社会制度、法律、政治乃至社会形态等角度已有了很深入地讨论,但这种误用一直延续至今。实际上,如果以现代国家政治制度的国体、政体角度来分析,从夏到周的封邦建国的权力主体是王,占统治地位的是王权,主要是通过对宗亲授田、授民、分封的方式实现保有其统治地位的目的;从其国家结构来看,王的天下、诸侯的国、卿大夫的家等构成了层层分封既相对独立又共同担责的上下结构关系;从其行政建制来看,则有九州、五服或国、野或乡遂等。从秦到清中央集权的权力主体是皇帝,占统治地位的是皇权,主要是通过委派官僚制的方式实现政治统治目的;从其国家结构来说,形成了皇帝的中央朝廷直接任命各层级的选拔官员、各层级官员都直接对上负责的皇权官僚专制社会;从其行政建制来看,则有秦汉的郡县制、唐宋的道路制、元明清的省府制等。新中国成立以来,我国的权力主体是民,占统治地位的是体现民权的人民民主专政,主要是通过人民代表大会制度来实现和落实人民民主的各项权利;从国家结构来说,是根据议行合一的原则按照中央政府与地方政府分工负责的方式形成层层负责的条块关系结构;从行政建制来看,主要是省市区县制[54]。从这里不难看出,封建制是相对于国体、政体层面的意涵,与其相对应的是中央集权制与共和制;而郡县制是相对于行政建制层面的意涵,对应的是州服制、道路制、省府制和省市区县制。很显然,封建制与郡县制实际是处于不同层次上的两个概念。

由此导致另一个误用:把"行政区划"这个概念本身与具体的行政建制如县、郡、州、道、路、省、府等同起来。这其实是把"行政区划"和"行政建制"两个概念混同了。于是,通常所见论述"行政区划沿革"的论著,就常常按照朝代依次从三代的州、服、国、野、乡、遂,或者径直从秦到清的郡、县、州、道、路、省、府,再到现代的市、区等娓娓道来。实际上,行政区划的沿革不仅应包括行政建制的沿革,而且应包括都城、行政机关驻地、边界、地名等其他行政区划的构成要素。所以,从最早的州服制到古代的郡县制再到现在的省市区县制,这是从行政区划建制沿革层面的阶段性划分形式,与封建制、中央集权制与共和制在国体、政体层面上的划分具有本质区别。因此行政建制的兴废并不能真正体现我国行政区划的起源与阶段划分问题,在此值得一辨。

综上,行政区划的本质属性来自国家的国体、政体和国家结构制度,无论是古代的"职方""方域"内涵还是现代的"行政区划(区域)"定义,都要体现其属性规定的基本要求。然而,由于国家也是一个不断发展成熟的过程,行政区划的主体结构要素也有一个不断自觉适应、变化、完备的过程。这是普遍性与特殊性、共性与个性的辩证统一,也是讨论行政区划的起源、形成与发展模式问题的理论和方法的重要依据。因此重新厘定行政区划的起源、形成与发展模式很有必要。

首先是关于我国行政区划的起源问题。目前学术界关于我国行政区划的起源主要有三种观点:第一种观点认为从夏代国家产生开始,以禹贡划分九州为标志;第二种观点认为以春秋战国时县、郡的形成为标志;第三种观点认为只有到了秦代郡县制才正式开始。实际上,从行政区划是国家的产物与同源的角度来看,研究行政区划起源实际上就是研究国家的起源。20世纪60年代,美国文化人类学者、新进化论代表人物埃尔曼·塞维斯(Elman Service)提出了"游团(band)—部落(tribe)—酋邦(chiefdom)—国家(state)"的历史演进模式[55];1991年,我国著名考古学家苏秉琦提出了对我国"古国、方国、帝国"的国家起源与形态发展三部曲的看法。20世纪90年代以来,我国学者根据早期国家相关理论提出,我国早期国家发生在夏代,典型期在商周,转型期在春秋战国[56-58]。因此,承认夏代国家的产生就理应在逻辑上认定行政区划起源于夏代。不仅如此,对于文明起源时代的行政区划,我们应上下求索,即往前追溯行政区划的思想要素与起源,往后则应考求行政区划相关要素与制度的完备程度。

其次是关于我国古代行政区划的形成问题。目前学术界有关行政区划的阶段划分主要体现在对政区地理沿革的描述方面,有两种方式:第一种是以我国认定的行政区划起始的王朝或皇朝为开端,按照时间线索逐一描述。第二种是在第一种类型的基础上,依据行政区划的某个主体要素如层级结构的增或减进行划分。比如周振鹤就提出我国行政区划"两千年三循环"的发展格局:依次大体划分为秦汉与魏晋南北朝时期、隋唐五代与宋辽金时期、元明清时期三个阶段、五个段落。这两种有关行政区划形成阶段的划分,基本上都是建立在对我国传统朝代地理沿革的坚实的资料爬梳和考证的基础上,也是我国行政区划阶段划分重要事实的基础,是对我国古代国家行政区划历史沿革的过程描述。但这正如抛开国家的起源研究行政区划的起源一样,如果抛开国体、政体与国家结构对行政区划阶段划分的根本规制,就难以真正反映行政区划历史沿革的本质属性与主要特征。

根据国家起源理论有关早期国家、古代国家和现代国家的划分理论,结合上述有关国体、政体、国家结构中的权力与组织分配方式和行政区划主体的要素结构,可将我国行政区划起源与形成阶段划分为:以王为权力中心,以王与方国的权力组织起来的以封建制为主要特征,将州和服、国与野视为体现其行政区划主体构成的夏商周三代,可称之为早期王权国家以封建制为核心的州服制;以皇帝为权力中心,以皇帝与委托选拔官僚制建立起来的中央集权制为主要特征,以秦汉二级制到元明清三级制的大循环作为其行政区划主体构成,称之为古代皇权国家以中央集权制为核心的郡县制;以民为权力中心,以人民民主专政和人民代表大会制度为国体、政体的共和制为主要特征,以我国现代省市县乡为其行政区划的主体构成,可称之为现代民权国家以共和制为核心的省市区县制[59-61]。

最后是关于我国行政区划的发展模式问题。行政区划的共同属性规定和主体要素结构决定了行政区划形成的特有发展模式,这主要突出地体现在其起源与发展阶段所特有的转型模式上。正如国家的形成与发展既不是突然从天上掉下来的,也不是一蹴而就的,而是经过了漫长的发育过程一样,行政区划的主体要素结构也经过了一个孕育到成熟的长期过程。同时,由于具体到在每个发展阶段乃至国家权力配置的规模、强弱与方式等方面的差异,其主体要素如行政建制、行政结构、都城、地名等都具有一定的传承关系,这也决定了各主体要素的发展并不是单线演进的,而是具有复杂的多线索演化特征。但每一个阶段的起源发展既受制于共同属性规定这个主要矛盾,又独立于主体要素结构矛盾主要方面的个体特征,从而又凸显出大前提下革新与继承兼具的两面性。这突出地表现在从我国早期国家的州服制到古代国家的郡县制再到现代国家的省市区县制的演变过程中。比如州服制之前的酋邦或古国问题,郡县制之前春秋战国时期的县、郡产生问题,省市区县制之前辛亥革命的市制、自治区、特别区的产生问题等。因此,这种发展模式不是简单的单一线性和泾渭分明的发展过程,而是特有的首尾相衔、以终为始、内外相维的连环嵌套状的政区圈层结构生成模式[62-63]。

5.6 启发:有关未来全球治理蓝图的思想设计

讨论至此,正如我国现代行政区划的词源与概念的形成离不开现代世界一样,在世界全球化潮流迅猛发展、势不可挡的今天,在目前现代民族国家为基本单位构成的国际格局的基础上,充分发挥我国行政区划的学科优势,深入思考在构建人类命运共同体的过程中,不仅应主动搭建起一个全世界思想认识的平台,而且要为全世界找到一个切实可行、落地生根的践行之道。作为具有非常丰富的行政区划思想资源和历史实践的中国,也必然具有为未来全球世界国家行政区划制度的构想提出中国方案、贡献中国智慧的思想能力。

100 多年前,我国先哲康有为在其《大同书》中就提出"去国界,消除国界""去乱界",取消各级行政区划,全世界"按照经纬度分度自治,全球设大同公政府"。这可能是世界上第一个从行政区划角度提出如此大胆设计方案的世界级政治工程师了[64]。1945 年,在人类世界经过两次世界大战血的洗礼后,联合国诞生。1967 年,欧洲共同体(欧共体)成立,1993 年更名为欧洲联盟(欧盟)。这是一种开启未来全球国家和世界政府的一种雏形吗?2001 年,德国哲学家尤尔根·哈贝马斯(Jürgen Habermas)提出希望建立一种没有世界政府的"世界内政"("建立一个全球的、消除国际法与国家法律之间鸿沟的整体法治秩序"),以期跟经济全球化的格局相适应,并思考探索欧盟大宪章的制定问题[65-66]。2004 年,美国哲学家理查德·罗蒂(Richard Rorty)提出,"世界和平与社会正义的事业的希望在于建立一个世界政府",其最重大任务就是维护世界秩序[67]。近年来,赵汀阳等一批我国学者也以传统的"天下体系"思想资源为依托,"通过重启天下概念来思考未来的世界治理,试图论证一个为了所有人并属于所有人的世界秩序"[68-69]。可以预料,在未来全球化不断深入的过程中,整个世界也确实需要一个基于人类命运共同体为共同目标、以现代民族国家为基本组成单位,拥有一个主权和一个政府的新型大同世界和全球世界国家。所以,对我国行政区划观念史的深入探究,并以我国行政区划丰富的思想起源和治理实践为入口,不仅可以为构建现代化全球治理体系提供新启发,而且在世界终将走出逆全球化潮流的后疫情时代,为世界区域政治经济新格局"消除经济全球化的负面影响"[70],为未来全球国家和世界政府的建构提供中国行政区划制度实践方面的生动样本就具有了无限的想象力与可能性。

(执笔人:陈占彪)

第 5 章注释

① 刘君德是"行政区经济"的首倡者。1990—1991 年在安徽省计划委员会召开的有关地区(黄山、安庆、池州、宣城等)国土规划成果评审会上,他首次明确提出"中国的区域经济实际上是行政区经济"的论点。1993 年刘君德与舒庆首次发表了《论行政区划、行政管理体制与区域经济发展战略》(《经济地理》1993 年第 1 期)一文,全面阐述了"行政区经济"的基本概念与主要特征。自此以来,"行政区经济"理论不断得以发展、成熟。2019 年"行政区经济"列入新修订的《中国大百科全书:地理学》词条。具体可参阅刘君德:《中国行政区划的理论与实践》,华东师范大学出版社,1996 年;《我的地理人生:涉足山区·致力政区·钟情山区》,东南大学出版社,2017 年;《我的地理人生 2:山区·政区·社区研究文集》,东南大学出版社,2020 年。

② 张五常认为,地区之间的激烈竞争,特别是县级的制度竞争是中国经济急速发展的主要原因。参见张五常:《中国的经济制度》(神州大地增订版),中信出版社,

2009年,第141—170页.
③ 严格说来,今义的"行政区划"与"行政区域"是两个概念。但在实际使用中,两者有时互相通用,有时则既有区别又有联系。本章为行文方便,一般使用通用义。如行文需要,则用"行政区划(区域)"或"行政区划""行政区域"来表述。
④ 参见《六合丛谈》,咸丰丁巳三月朔日第三号、第十号、第十三号,江苏松江上海墨海书院印.
⑤ 参见童书业:《中国历史地理论集》,上海人民出版社,2019年。原著为"行政区画",现版本已改为"行政区划",见该书目录与第43页.
⑥ 参见观察者网站《普京五天两批列宁民族自治政策:"为国家埋下定时炸弹"》.

第5章参考文献

[1] 周振鹤,李晓杰. 中国行政区划通史·总论、先秦卷[M]. 上海:复旦大学出版社,2009:7.
[2] 周振鹤. 中国历代行政区划的变迁[M]. 北京:商务印书馆,1998.
[3] 周振鹤. 中国地方行政制度史[M]. 上海:上海人民出版社,2005.
[4] 周振鹤. 体国经野之道:中国行政区划沿革[M]. 上海:上海书店出版社,2009.
[5] 周振鹤. 中国历史政治地理十六讲[M]. 北京:中华书局,2013.
[6] 孙希旦. 礼记集解(上)[M]. 沈啸寰,王星贤,点校. 北京:中华书局,1989:134.
[7] 白玉林,迟铎. 三礼文化辞典[M]. 北京:商务印书馆,2019:679.
[8] 江文政,乔观民. "地理"词义考释及其语义演变分析[J]. 现代语文(语言研究版),2015(4):51-53.
[9] 赵荣. 中国古代地理学[M]. 北京:商务印书馆,1997:38.
[10] 桑兵. 解释一词即是作一部文化史:本期栏目解说[J]. 学术研究,2009(12):90-92.
[11] 黄兴涛. 清末民初新名词新概念的"现代性"问题:兼论"思想现代性"与现代性"社会"概念的中国认同[J]. 天津社会科学,2005(4):128-136.
[12] 熊月之. 西学东渐与晚清社会[M]. 上海:上海人民出版社,1994:48.
[13] 周振鹤. 一度作为先行学科的地理学:序《晚清西方地理学在中国》[M]//邹振环. 晚清西方地理学在中国:以1815至1911年西方地理学译著的传播与影响为中心. 上海:上海古籍出版社,2000:32.
[14] 冯天瑜. 新语探源:中西日文化互动与近代汉字术语生成[M]. 北京:中华书局,2004:193.
[15] 孙青. "西政"与"中学":西方政治学"影像"在中国的形成[J]. 中国社会科学,2005(3):192-204,209.
[16] 邹振环. 西方传教士与晚清西史东渐:以1815至1900年西方历史译著的传播与影响为中心[M]. 上海:上海古籍出版社,2007:339-340.
[17] 马西尼. 现代汉语词汇的形成:十九世纪汉语外来词研究[M]. 黄河清,译. 上海:汉语大词典出版社,1997:58,61,225.
[18] 黄河清. 近现代汉语辞源[M]. 上海:上海辞书出版社,2020:1228,1686.
[19] 张帆. "行政"史话[M]. 北京:商务印书馆,2007:19,33,35,99,107,113,274.
[20] 许慎. 说文解字注[M]. 段玉裁,注. 许惟贤,整理. 南京:凤凰出版社,2015.
[21] 何九盈,王宁,董琨. 辞源[M]. 3版. 合订本. 北京:商务印书馆,2019:279,464.

[22] 华东师范大学中国行政区划研究中心,华东师范大学图书馆. 中国行政区划文献目录[M]. 上海:华东师范大学出版社,1992:245.

[23] 华林甫,贺曲夫,高茂兵,等. 中国省制演进与未来[M]. 南京:东南大学出版社,2016:8-9.

[24] 夏新华,胡旭晟,刘鄂,等. 近代中国宪政历程:史料荟萃[M]. 北京:中国政法大学出版社,2004:176,251,493,511.

[25] 中国行政区划研究会. 中国省制[M]. 北京:中国大百科全书出版社,1995:134,197,597.

[26] 龙宁丽. 从政治主义走向管理主义:中国行政区划变迁的行动逻辑[J]. 观察与思考,2015(5):51-60.

[27] 华伟. 20世纪中国省制问题的回顾与展望(上)[J]. 中国方域:行政区划与地名,1998(4):6-10.

[28] 吴智刚. 中法战争前后清廷的中越近边"区画"及其流变[J]. 中山大学学报(社会科学版),2012,52(6):107-118.

[29] 崔军民.《日本法规解字》与中国近代法律新词[J]. 玉林师范学院学报(哲学社会科学),2011,32(3):107-109.

[30] 何勤华. 新译日本法规大全(点校本):第三卷[M]. 南洋公学译书院,初译. 商务印书馆编译所,补译校订. 孟祥沛,点校. 北京:商务印书馆,2007:270,367.

[31] 何勤华. 新译日本法规大全(点校本):第一卷[M]. 南洋公学译书院,初译. 商务印书馆编译所,补译校订. 何佳馨,点校. 北京:商务印书馆,2007:120.

[32] 王力. 汉语史稿:下册[M]. 北京:中华书局,1980:564.

[33] 郑绍昌,朱小平. 解《周官》:读熊十力给毛泽东的一封长信[M]. 上海:上海三联书店,2014:2-10.

[34] 熊十力. 论六经·中国历史讲话[M]. 北京:中国人民大学出版社,2006:29-30.

[35] 刘小枫. 共和与经纶:熊十力《论六经》《正韩》辩证[M]. 北京:生活·读书·新知三联书店,2012:217,274.

[36] 周振鹤,李晓杰. 中国行政区划通史·总论、先秦卷[M]. 2版. 上海:复旦大学出版社,2017:44-45.

[37] 钱恂,董鸿祎. 新译日本法规大全(点校本):法规解字[M]. 何勤华,点校. 北京:商务印书馆,2007:120.

[38] 辞海编辑委员会. 辞海:1979年版[M]. 缩印本. 上海:上海辞书出版社,1980:1826.

[39] 辞海编辑委员会. 辞海:1989年版[M]. 上海:上海辞书出版社,1989:899.

[40] 鲍明钤. 中国民治论[M]. 周馥昌,译. 北京:商务印书馆,2010:302,315.

[41] 中国法制出版社. 中华人民共和国宪法历次修正对照表[M]. 北京:中国法制出版社,2004:156.

[42] 中国大百科全书总编辑委员会《法学》编辑委员会,中国大百科全书出版社编辑部. 中国大百科全书:法学[M]. 北京:中国大百科全书出版社,1984:675.

[43]《地理学词典》编辑委员会. 地理学词典[M]. 上海:上海辞书出版社,1983:309.

[44] 中国大百科全书总编辑委员会《地理学》编辑委员会,中国大百科全书出版社编辑部. 中国大百科全书:地理学[M]. 北京:中国大百科全书出版社,1990:449.

[45] 中国大百科全书总编辑委员会《政治学》编辑委员会,中国大百科全书出版社编辑部. 中国大百科全书:政治学[M]. 北京:中国大百科全书出版社,1992:409-410.

[46] 张文范. 方域浅论:行政区域和城市发展理论、政策与实践[Z]. 北京:中国行政区划研究会,1995:29-30.

[47] 程干远. 从行政区划的法律地位探讨市管县的体制改革[J]. 中国法学,1984(3):33-42.

[48] 中共中央马克思恩格斯列宁斯大林著作编译局. 马克思恩格斯选集:第四卷[M]. 北京:人民出版社,1972:166-167.

[49] 刘君德,冯春萍,华林甫,等. 中外行政区划比较研究[M]. 上海:华东师范大学出版社,2002:18,24,33.

[50] 靳尔刚,苏华. 职方边地:中国勘界报告书[M]. 北京:商务印书馆,2000:47.

[51] 冯天瑜. "封建"考论[M]. 武汉:武汉大学出版社,2006.

[52] 叶文宪,聂长顺. 中国"封建"社会再认识[M]. 北京:中国社会科学出版社,2009.

[53] 田勤耘. 明清"封建论"研究[M]. 北京:中国社会科学出版社,2013.

[54] 姚中秋. 华夏治理秩序史:第一卷 天下[M]. 海口:海南出版社,2012:70-85.

[55] 塞维斯. 国家与文明的起源:文化演进的过程[M]. 龚辛,郭璐莎,陈力子,译. 上海:上海古籍出版社,2019.

[56] 谢维扬. 中国早期国家[M]. 杭州:浙江人民出版社,1995.

[57] 周书灿. 中国早期国家结构研究[M]. 北京:人民出版社,2002.

[58] 王和. 中国早期国家史话[M]. 北京:社会科学文献出版社,2011.

[59] 宫长为. 国家发生三种政体说[J]. 学习与探索,1998(6):121-127.

[60] 裴安平. 中国的家庭、私有制、文明、国家和城市起源(下)[M]. 上海:上海古籍出版社,2019:557-564.

[61] 中国社会科学院考古研究所,中国社会科学院古代文明研究中心. 中国文明起源研究要览[M]. 北京:文物出版社,2003.

[62] 郭声波. 中国历史政区的圈层结构问题[J]. 江汉论坛,2014(1):134-141.

[63] 郭声波. 从圈层结构理论看历代政治实体的性质[J]. 云南大学学报(社会科学版),2018,17(2):86-92.

[64] 康有为. 大同书[M]. 周振甫,方渊,校点. 2版. 北京:中华书局,2012:1.

[65] 哈贝马斯. 在全球化压力下的欧洲的民族国家[J]. 张庆熊,译. 复旦学报(社会科学版),2001,43(3):114-121.

[66] 哈贝马斯. 关于欧洲宪法的思考[M]. 伍慧萍,朱苗苗,译. 上海:上海人民出版社,2012:23-63.

[67] 张庆熊. 西方技术文化时代的问题和出路:思考罗蒂在复旦大学讲演的深层含义[J]. 云南大学学报(社会科学版),2005,4(4):89-93,96.

[68] 赵汀阳,费格,戈思帕,等. 柏林论辩:天下制度的存在论论证及疑问[J]. 世界哲学,2020(3):89-111,161.

[69] 赵汀阳. 天下的当代性:世界秩序的实践与想象[M]. 北京:中信出版社,2016.

[70] 中共中央党史和文献研究院. 习近平关于中国特色大国外交论述摘编[M]. 北京:中央文献出版社,2020:237.

第5章表格来源

表5-1 源自:张帆. "行政"史话[M]. 北京:商务印书馆,2007;马西尼. 现代汉语词汇的形成:十九世纪汉语外来词研究[M]. 黄河清,译. 上海:汉语大词典出版社,1997;

黄河清.近现代汉语辞源[M].上海:上海辞书出版社,2020.

表5-2源自:上海图书馆《日本国立国会图书馆电子资源》《全国报刊索引》(专业版);华东师范大学中国行政区划研究中心,华东师范大学图书馆.中国行政区划文献目录[M].上海:华东师范大学出版社,1992;潘玉君.地理学思想史:通论和年表[M].北京:中国社会科学出版社,2019;张帆."行政"史话[M].北京:商务印书馆,2007.

6 行政区与功能区协同治理模式创新研究：以上海浦东新区为例

设立经济功能区是中央和地方政府推动经济发展的一项重要政策。自20世纪80年代设立首批国家级经济技术开发区以来，我国陆续设立了众多具有不同称谓、不同类型、不同层级、不同主管部门的经济性专属区域，通常将这种由一定级别的国家政府部门批准设立，承担国家和地方经济发展使命，享受相应的特殊优惠政策或制度创新权利的功能性区划，称为功能区。实践经验表明，改革开放以来我国创建并发展的各类功能区已经成为推动我国工业化、城镇化和对外开放的重要平台，对促进经济体制改革、改善投资环境、引导产业集聚、发展开放型经济发挥了不可替代的作用，是地方经济实现持续、跨越式发展的重要经济引擎，也是"中国经济奇迹"的重要空间载体。然而，长期以来功能区存在法律地位不明确、与行政区的关系难协调、与垂直管理部门的关系难理顺、自身管理难以规范等困境，严重影响了功能区空间功能的塑造和社会经济效应的发挥。本章以上海浦东新区为例，梳理浦东新区开发开放进程中功能区的发展与迭代创新，考察浦东新区行政区与功能区协同治理模式及经验，在此基础上提炼总结行政区与功能区协同发展与治理模式创新的认识基础和基本逻辑，指出新时期我国功能区发展与治理必须关注功能区的多元复合、迭代创新和核心功能属性塑造。

6.1 行政区与功能区协同发展与治理困境及争论

功能区的发展与治理涉及不同层级与类型的政府和其他利益主体关系的处理，本质上是特定空间尺度上的区域治理问题。现阶段我国各类功能区仍存在着法律地位不明确、管理权限范围模糊、行政关系不顺畅、经验行政和人治行政等共性问题[1]，这导致功能区的发展与治理普遍面临着与行政区之间的行政分割、各自为政、多头管理、利益冲突、责任推诿等矛盾和挑战。功能区发展与治理的这些共性问题和现实矛盾，其核心指向功能区与行政区之间的关系，具体包括功能区是否属于"准行政区"、功能区是否走向"体制复归"、功能区是否长期存在。

6.1.1 功能区的属性争论：功能区是否属于"准行政区"

学术界普遍认同功能区与行政区域存有较大差别。首先，功能区具有明显的市场特征，而行政区域是根据历史传统和经济联系由国家政府划定的；其次，不同层次的行政区域之间存在隶属关系，而各级功能区之间不具有隶属关系；最后，各级行政区域都有对应的政府机构，而功能区不具备这一特征[2]。因此，功能区不能等同于行政区。

但不少学者认为，功能区的管治模式是一种结构简化了的区域管治体制，是具有部分政权的"准行政区"[3]、"半行政区"[4]。这一简化的"准行政区"模式的设计目的是减免功能区在政治、社会事务方面的负担，使其更集中精力于与经济发展有关的事务，从而提高功能区的运行效率。需要特别指出的是，虽然上述简化的"准行政区"管治模式使得功能区不具备一般行政区的法律地位及完全职能，但并不意味着功能区是城市空间中的"弱势者"，相反，功能区普遍在其所在城市和区域中成为举足轻重的"强势者"。上述争论的焦点不在于是否能将功能区视为某种特定性质的行政区，或者是否能将功能区纳入行政区划的管理体系，其核心是功能区与行政区在本质属性上的关联关系与主要异同，进而催生出对功能区属性特征和治理模式的思考和探讨。

6.1.2 功能区的治理模式：功能区是否走向"体制复归"

回顾我国经济功能区的发展历程，传统上我国功能区的治理是根据功能区发展阶段和区域发展特征的不同，相应采取领导小组型、管理委员会型、企业型等管治模式，其中功能区管理委员会模式成为我国功能区的基本管理体制。随着功能区的发展，特别是区域内人口的集聚，功能区内外周边地区都步入了新型城镇化的过程，这就要求功能区在经济创新事务之外也不得不承担越来越多的社会管理职能和其他行政职能。随着社会管理职能的增多，机构臃肿和人员增加，功能区的管理体制越来越"大而全"，传统的管理委员会体制面临越来越大的压力和挑战，大量不同类型的功能区开始走向与行政区合并的道路，实行"功能区与行政区合并建政"或者"功能区整体托管行政区"，走向"政区合一"，这种"功能区政区化"的发展趋势被学者称为功能区"体制复归"或"体制回归"[5]。隐藏其后的问题是，随着中国进入全面深化改革的新阶段，功能区的管治模式如何转型？功能区的发展路径与前进方向是否必然走向行政区？

6.1.3 功能区的存续周期：功能区是否长期存在

循着前述两个层面对功能区与行政区关系及其进向的理论推演，尤其是功能区管理委员会的法律地位不明确,管理委员会体制与属地化管理原则相矛盾,以及功能区之间的同质化无序竞争,导致功能区在法律上和实际运行中存在诸多弊端,诸如功能区"强调特事特办、先办后规范,在一些领域和环节存在行政违法""机构设置随意、权限模糊、行政关系不顺畅、职权缺失",功能区与行政区之间"机构重复、权责不清,利益和资源相互争夺,问题与责任相互推诿",功能区与功能区之间"发展路径同质化、招商引资恶性竞争、产业政策趋同,使得资源难以有效整合,反而成为一种内耗"[6]。因此,无论是学术界还是政府管理部门对功能区的存续周期和使命接续都存有一些疑问和反思:"功能区的运行机制是否在日后发生变化?""是否应该停止新设、撤销或取缔功能区?""功能区在完成开发建设任务或达到既定改革目标后是否复归为传统行政区?"[7]

6.2 浦东新区开发开放历程与管治模式演进

1990年4月18日,浦东向全世界宣布开发开放。同年9月,国务院批准设立陆家嘴、外高桥、金桥三个国家级开发区。两年后,张江高科技园区成立,以四大开发区为引领的浦东开发开放和功能区管治格局初步形成。30余年来,浦东作为首个国家级战略新区始终走在发展前沿,取得举世瞩目的经济建设和城市发展成就,既是我国经济功能区发展的典范样本,也是中国式现代化的伟大缩影。梳理浦东新区开发开放历程,分析其功能区管治模式演进与创新,对于厘清功能区与行政区之间的关联关系、探寻行政区与功能区协同发展与治理模式具有重要价值。

6.2.1 行政区划概念上的浦东

浦东作为一个地理名称因地处黄浦江东而得名,具有悠久的历史,但浦东作为一个正式的行政区则是相当晚的事。1958年8月,上海市东郊区和东昌区合并成立浦东县,下辖耀华、艾镇、六里、严桥、孔桥、泾南、二塘、海滨、凌桥、金桥、陆行、张桥、东沟、高东、高南15个乡和高庙、塘桥、周家渡3个街道,浦东首次作为一个行政区得以确认。

1961年,成立仅两年多时间的浦东县撤销建制,其农村地区(原东郊区)划归川沙县,沿黄浦江边的高庙地区(原东昌区的部分)划归杨浦区,其余部分划归上海县。1984年,沿黄浦江的塘桥、陆家嘴、洋泾一带划归黄浦区,周家渡至杨思等沿江地区划归南市区。此时,除沿江地区由上海市的南市、黄浦、杨浦三个区管辖外,其他地区仍隶属川沙县、上海县。

1990年,中共中央和国务院决策开发浦东,最初划定350 km²的地域范围,包括黄浦区浦东部分(15 km²)、南市区浦东部分(18 km²)、杨浦区浦东部分(6 km²)、川沙县的部分以及上海县川杨河以北部分。其时,浦东新区并不是一个行政区划的概念,而是由"三区两县"的部分行政区域构成的一个具有特殊战略定位的开发区。

1992年10月,国务院批复设立上海市浦东新区,撤销川沙县,浦东新区的行政区域包括原川沙县,上海县的三林乡,黄浦区、南市区、杨浦区的浦东部分,区域面积扩大至 522.7 km²,至此浦东新区整体作为一个完整而独立的国家战略性新型开发区、城市新区而存在。

2000年浦东新区建政,设立浦东新区人民政府,至此浦东新区作为上海市的一个市辖区、一个正式的行政区而存在;2009年国务院同意撤销上海市南汇区,将其行政区域并入浦东新区,浦东新区地域面积扩大到 1 210 km²,辖12个街道、24个镇。

6.2.2　浦东新区的缘起与浦东开发办公室时期(1990—1992年)

1989年政治风波之后,邓小平同志说:"现在国际上担心我们会收,我们就要做几件事情,表明我们改革开放的政策不变,而且要进一步地改革开放。""开发浦东,这个影响就大了,不只是浦东的问题,是关系上海发展的问题,是利用上海这个基地发展长江三角洲和长江流域的问题。"[①]因而,党中央、国务院相继把浦东开发定位于"中国今后十年开发开放的重点""带动长江流域经济起飞的龙头""中国进一步改革开放的标志"。因此,"开发浦东、振兴上海。服务全国,面向世界"成为浦东开发开放的明确方针。由此可见,浦东开发开放是把上海城市发展的地方战略构想提升为国家对外开放和国家重大区域战略决策,这也体现出浦东作为开发开放区、城市发展新区、国家战略功能区的多重区域身份和独特地位,同时这也是认识和理解浦东行政区—功能区关系塑造与协同创新的关键所在。

1990年浦东开发正式启动后,在划定的 350 km² "三区两县"行政区划的格局上,建立一个浦东开发领导小组作为市委市政府领导浦东开发建设的领导主体,对浦东开发实行宏观决策。浦东开发领导小组下设浦东开发办公室(简称"浦开办")。浦开办作为其办事机构,直接隶属于市政府,主要承担浦东开发开放的政策准备、规划准备和开发准备等协调工作。全市各委、办、局凡工作需要的,均可分别设立浦东开发办(处),设立浦东新区规划设计研究院,专事新区开发的总体规划研究和设计。"三区两县"主要负责各自辖区的行政管理。这一时期浦东开发管理的总体特征体现为"空办"和"控办"。所谓"空办"是指浦东开发领导小组及其办公室不具有具体事项的日常管理权限,"三区两县"和市政府各职能部门负责对划定的 350 km² 地域范围内开发建设的具体实施和管理;所谓"控办"是指浦东开发领导小组及其办公室的主要职责体现在宏观调控、总体驾驭,围绕浦东开发具体项目(尤其是重大项目)实施跨行政区和跨职能部门的统筹协调。这一模式在推动浦东开发快速启动、高起点制定浦东整体发展规划、科学设定浦东空间功能布局等方面发挥了积极作用,但其多行政组织与管理主体的管治格局却在资源整合、行政效率、空间功能塑造等方面存在天然弊病,直接影响了浦东开发的进展和整体成效,这也是后一阶段浦东开发治理模式调整的根本原因。

6.2.3 "两委"制度和开发公司主导的开发区时期(1993—1999年)

1)"两委"制度

1992年国务院批复同意撤销上海县和川沙县,调整杨浦区、黄浦区和南市区的行政区划,三个区原有涉及浦东的区域,不再归其管辖(包括黄浦、南市、杨浦三个区的浦东部分、川沙县全部和上海县三林乡,共518 km²),至此浦东新区作为一个完整、独立的行政管理区域而存在。1993年上海市委市政府对浦东新区的管理模式进行了重大改革。与之相应,为适应新建的浦东新区开发建设和管理的需要,采取了通用的开发区管理体制,建立了中共上海市浦东新区工作委员会、上海市浦东新区管理委员会(简称党工委、管委会,即"两委"),作为上海市委市政府的派出机构。党工委、管委会主要领导均由市委市政府领导兼任,两个委员会实行"两块牌子、一套班子"的运行模式。此时的党工委、管委会已经不再停留于浦东开发办公室"空办""控办"的定位,而成为一个"准政府","统一负责浦东新区开发开放的管理工作,履行国家法律所规定的地方国家行政机关应承担的性质管理职能,贯彻执行国家和上海市政府制定的有关浦东新区建设的方针、政策和规章,积极外引内联,把浦东新区建设成为外向型、多功能、现代化的社会主义新城区"②。

在具体的职能机构设置上,按照"小政府、大社会"的理念,实行党政机构有分有合、大系统综合设置。在"两委"建立之初,设置大职能部门,分别为办公室、组织部(与劳动人事局合署)、纪律检查工作委员会(与监察局合署)、审计局、综合规划土地局、经济贸易局、农村发展局、城市建设局、社会发展局、财政税务局和工商行政管理局。其后,根据开发建设推进的情况,由形态开发向形态开发与功能开发并举转变,城市管理和社会管理的任务加强,对职能部门进行了微调,先后设立了宣传部、统战部、城区工作委员会、农村工作委员会(与农村发展局合署)、国有资产管理办公室等机构。这种机构设置模式,可以说是"大部门制"的雏形。当时,浦西的每个区县一般有50个委、办、局,浦东新区党工委、管委会只设置10个职能部门,机构减少2/3,人员减少1/3③。

在纵向结构上,最初的管委会直接管理40多个乡镇。由于各街镇需要负责大量的社会管理和辖区内的日常工作,为保证新区管理全面到位并有效集中精力推动功能开发建设,之后随着社会管理事务的增加,街镇层面的工作内容逐步拓展,新区层面成立了城市工作委员会和农村工作委员会(农村发展局),分别负责城市化地区(街道)和农村地区(镇)的管理协调。城市工作委员会、农村工作委员会体制有效地保证了党工委、管委会能集中精力搞开发,同时城郊地区的社会经济管理工作不断不乱。

2) 四大开发公司

在浦东开发开放之初,主要聚焦四大国家级开发区快速出形象、出功能,相应成立了四大开发公司(所谓"四大金刚"),作为园区的开发主体,同时承担一定的政府职能(负责市政设施、公共服务设施和部分社区、城市管理职能),带有"政企合一"的特征。为了实现开发区带动周边地区发展,先后探索了"列车工程"④、"13只小老虎"和"五高联动"⑤等一系列举措。但总体而言,这一时期四大国家级开发区(四大开发公司)与周边乡镇的发展仍然是相对分离且常有利益摩擦的。

6.2.4 浦东建政与功能区域管委会统筹时期(2000—2009年)

1) 浦东新区正式建政

2000年8月,浦东新区正式建政,召开了区政协一届一次和区人大一届一次会议,上海市委市政府通过法定程序依法撤销浦东新区党工委、管委会,正式建立浦东新区区委区政府,同时选举成立新区人民代表大会常务委员会和中国人民政治协商会议上海市浦东新区委员会。按照"坚持依法行政、依法治区"的原则,仍坚持"小政府、大社会"的总体思路,继续坚持大系统综合设置党政机构。党政机构主要调整为增设了区委办公室、区人民代表大会常务委员会办公室、中国人民政治协商会议上海市浦东新区委员会办公室等四套班子的工作机构,统战部单列,增设了审计局、科学技术局、环境保护和市容卫生管理局等政府职能部门。各部门之间职能做了相应的调整。将原有综合规划土地局管理的房产土地职能划转至城市建设局,综合规划土地局更名为发展计划局,并增加物价管理和检查职能。安全生产监察职能由劳动部门划入经济贸易部门等。从机构和职能调整情况来看,主要适应了浦东依法行政的需要,加强了决策与执行、监督相协调的机制。适应了产业结构调整的需要,重点加强了高新技术产业推进部门。适应了城市建设和管理协同的需要,单独组建了城市管理部门,即环境保护和市容卫生管理局,统一承担新区环保、市容、市政、水务、绿化等城市管理综合职能等。

2) 六大功能区管理体制(区镇合一与区镇联动)

2004年,为进一步强化"区镇联动"、统筹区域协调发展,浦东探索了功能区域管理体制,将全区划为六个区域,依托四大国家级开发区成立了陆家嘴、金桥、张江、外高桥四大功能区域党工委、管委会,在川沙新镇成立了川沙功能区域,在世博园区周边成立了三林世博功能区域,委托功能区管委会行使计划投资、规划管理、经贸管理、建设管理、环境保护和城市管理、财政管理等方面的事权。功能区域作为区委区政府的派出机构,统筹协调开发区和周边街镇,推进区域经济与社会发展。

从制度创新视角来看,浦东功能区域管理体制至少有两个重要创新:一是浦东功能区域管理体制是在区与街镇之间插入一个中间管治层级,这突破了我国现有行政区划层次划分原则,其目的一方面是解决区级政府与街镇之间的管理幅度过大问题,另一方面是促进开发区与周边街镇的协调与融合发展。二是区别于一般的区域协调管理机构与机制,浦东功能区域管理体制具有突出的城市核心功能塑造和区域发展重点任务指向。在实际运行过程中,功能区域管理体制在统筹协调开发区与周边街镇发展关系、塑造区域核心功能、落实区域发展重点任务等方面取得了较好成效,同时也存在一系列矛盾和问题,诸如"一个正常的上报,需要经过功能区,从而增加了几道程序""管得太死、被浦东新区政府和功能区域管委会双重领导""功能区把街道和镇的税收都给抢走了,街道没有积极性,而功能区又没有执法权""功能区管委会地位也颇为尴尬,开发集团公司掌握着实权和资产,功能区管委会很多时候存在控制力弱的特点""六大功能区一些负责人是由开发区人兼任的,导致现实中出现一些权责不分的现状"⑥。

6.2.5 浦东、南汇合并与区域管治模式的全面创新(2010年至今)

浦东、南汇两区合并后,随着整体区域面积扩大,以及南北片开发区联动整合,加之功能区域管理体制运作中出现的问题,对开发区的管理体制进行了调整与完善,以"7+1"管理体制取代了功能区域管理体制,随后演化为"4+3"管理体制。核心是,开发区和周边街镇不再有联系纽带,开发区普遍设立管委会,进一步突出开发导向,坚持财力下沉、权力下放、重心下移,由开发区管委会主导区域内的开发建设,新区对管委会进行大范围的区级事权下放,做到"开发区的事、开发区办";开发公司则当好区域开发建设运营的操作手,同时推动开发公司去行政化。相关街镇直接对应区委区政府,并建立地区工作委员会(地区工作办公室)作为日常工作协调机构。

为加强开发区与镇协同发展,浦东先后探索了不同的管镇联动模式,目前主要有四种模式:一是"法定机构+街道"模式,即陆家嘴地区,招商引资职能由陆家嘴发展局统筹;二是"管镇合一"模式,即临港地区,临港管委会和南汇新城镇"管镇合一",并统筹其余三镇招商引资职能;三是"管镇联动"模式,即张江和金桥,管委会统筹镇的招商引资职能;四是局部"管镇联动"模式,即外高桥—森兰和三林—前滩,镇纳入开发区或委托开发区管理的区域内,实行联动共享。

6.3 浦东新区功能区设置与管治模式分析

6.3.1 浦东新区内部产业功能区基本现状

按照上海市产业园区划定与管理规则,2020年浦东新区有国家级公告开发区5个、市级公告开发区4个、产业基地3个(表6-1)。

表 6-1 2020年浦东新区产业园区基本情况一览表

类别		规划面积/km²	已开发土地面积/km²	上缴税金总额/亿元
国家级公告开发区	中国(上海)自由贸易试验区保税区域	15.65	14.16	715.85
	洋山特殊综合保税区	14.16	13.97	190.70
	上海金桥经济技术开发区	27.38	23.26	372.00
	张江高科技园区	33.15	21.61	280.27
	陆家嘴金融贸易区	31.78	30.86	946.26
市级公告开发区	上海浦东合庆工业园区	4.52	3.04	10.16
	上海浦东空港工业园区	7.70	6.31	35.90
	上海浦东康桥工业园区	22.19	17.04	51.49
	上海南汇工业园区	8.20	6.78	7.77
产业基地	临港产业区	50.83	35.23	100.67
	高桥石化基地	3.20	2.21	102.90
	飞机总装基地	5.14	2.28	1.04

6.3.2 浦东新区代表性功能区管治结构、模式及演变

1) 张江科学城

张江科学城的前身是张江高科技园区,1992年7月,张江高科技园区开园,成为第一批国家级新区,面积为17 km²。1999年,上海启动"聚焦张江"战略,张江高科技园区进入了快速发展阶段。2000年,上海市、浦东新区共同成立张江高科技园区领导小组和办公室,园区规划面积调整为25.9 km²。高新区从1园、2园、6园、8园、12园、18园,到2020年以来的22园,总面积为531 km²,覆盖全市16个行政。2006年3月,国务院批准上海各高科技园整体更名为"上海张江高新区"。2007年5月,张江高科技园区管理委员会成立,调整为区政府派出机构。2011年1月,国务院批复同意支持上海张江高新技术产业开发区建设国家自主创新示范区,赋予张江深化改革、先行先试的使命。2011—2012年,上海市政府先后同意将张江高科技园区、康桥工业区、国际医学园区、周浦繁荣工业区纳入张江核心园区范围,园区面积达79.7 km²。2014年12月,中国(上海)自由贸

易试验区扩区,张江高科技片区的 37.2 km² 被纳入其中。2016 年 2 月,国家发展和改革委员会、科学技术部批复同意建设上海张江综合性国家科学中心。2017 年 7 月,上海市政府正式批复原则同意《张江科学城建设规划》,总面积约为 95 km²。2018 年 5 月,上海市委市政府决定重组上海推进科技创新中心建设办公室,为市政府派出机构,挂上海张江综合性国家科学中心办公室、上海市张江高新技术产业开发区管理委员会、上海市张江科学城建设管理办公室、中国(上海)自由贸易试验区管理委员会张江管理局的牌子。上海推进科技创新中心建设办公室承担统筹上海推进科技创新中心建设全局性、整体性工作,协调推进上海推进科技创新中心建设相关规划政策、重大措施、重大项目、重大活动;加强对上海张江高新技术产业开发区建设国家自主创新示范区的战略研究和统筹领导,加强对各园区的统筹协调、综合服务和政策研究;推进张江科学城开发建设,加强张江科学城开发建设统筹协调;落实中国(上海)自由贸易试验区张江片区的自由贸易试验区改革试点任务,负责中国(上海)自由贸易试验区张江片区的有关管理工作。上海推进科技创新中心建设办公室设有综合处(组织人事处)、计划财务处、政策研究室、合作交流处、人才服务处、科创协调处、科学平台处、科技服务处(知识产权处)、产业促进处、科技金融处、规划建设环境管理处(城区协调处)、经济发展处、行政审批处13 个处室。

2) 陆家嘴金融城

陆家嘴金融贸易区(陆家嘴金融城)是 1990 年国务院批准设立的国家级开发区,总面积为 31.78 km²,即内环线以内的浦东部分(罗山路—龙阳路—黄浦江围合区域,开发区范围内共有陆家嘴、潍坊、洋泾、塘桥、花木五个街道)。1990 年 6 月,国务院命名"陆家嘴金融贸易区"。1990 年 10 月,上海市政府成立陆家嘴金融贸易区开发股份有限公司。2004 年 10 月,浦东新区政府成立陆家嘴功能区域管理委员会,下辖陆家嘴街道、潍坊街道、塘桥街道、洋泾街道和花木街道五个街道(社区)。

2009 年,上海市第七次党代会提出加快建设"陆家嘴金融城",作为上海国际金融中心的核心功能区和上海市金融产业的主要发展空间。2009 年 5 月,国务院发布文件,再次确认陆家嘴金融贸易区为上海国际金融中心核心功能区和主体承载区。2010 年 1 月,浦东新区政府决定成立上海陆家嘴金融贸易区管理委员会。2015 年 1 月,上海陆家嘴金融贸易区管理委员会正式设立。2015 年 4 月,中国(上海)自由贸易试验区从 28.78 km² 扩区至 120.78 km²,陆家嘴金融城被纳入其中,作为中国(上海)自由贸易试验区的重要片区之一。2015 年 4 月,正式设立中国(上海)自由贸易试验区管理委员会陆家嘴管理局。2016 年 8 月,撤销上海陆家嘴金融贸易区管理委员会,正式设立上海陆家嘴金融城理事会、上海陆家嘴金融城发展局。陆家嘴管理局是中国(上海)自由贸易试验区的片区局,内设办公室(计划财务处)、经济发展处、金融航运服务处、行政审批服务处、综合事务协调处、品牌推广和公共关系处,主要负责开发区内产业发展、规划建设、投资促进、环境配套等方面的管理服务。

3) 世博地区

浦东世博地区区域面积约为 25 km², 区域内包含世博园区浦东地块(3.93 km²)、耀华地块(1.8 km²)、前滩地块(2.83 km²)等重点地块以及南码头路、周家渡、上钢新村、东明路四个街道。区域地处上海城市核心滨水区,毗邻陆家嘴,与徐汇滨江隔江相望。世博地区是上海市和浦东新区重点发展地区,以打造世界级中央公共活动区为目标,大力推动总部商务、新兴金融、文化会展、旅游休闲、生态宜居五大功能。继 2014 年区域内 5.4 km² 被纳入上海张江国家自主创新示范区后,在 2015 年初中国(上海)自由贸易试验区扩区之际,世博园区浦东地块、耀华地块、前滩地块等约 10 km² 被纳入中国(上海)自由贸易试验区范围。依托中国(上海)自由贸易试验区的优势,世博地区聚焦形成产城融合、生态宜居的新型城区。目前浦东新区世博地区开发管理委员会作为区政府派出机构,同时挂中国(上海)自由贸易试验区管理委员会世博管理局的牌子,内设投资促进处、发展研究处、综合协调处、行政审批处、文化发展处、办公室六大处室,对世博地区的经济管理、城市综合执法、行政审批三大职责进行负责。

4) 临港新片区

2019 年 8 月 6 日国务院正式对外公布了中国(上海)自由贸易试验区临港新片区的总体方案,在上海大治河以南、金汇港以东以及小洋山岛、浦东国际机场南侧区域设置新片区。临港新片区对标国际上公认的竞争力最强的自由贸易园区,实施具有较强国际市场竞争力的开放的政策与制度,打造更具国际市场影响力和竞争力的特殊经济功能区。按照"整体规划、分步实施"的原则,临港新片区先行启动了南汇新城、临港装备产业区等区域,先行启动区面积为 119.5 km²。为推动中国(上海)自由贸易试验区临港新片区"打造更具国际市场影响力和竞争力的特殊经济功能区",以及"打造开放创新、智慧生态、产城融合、宜业宜居的现代化新城",2019 年 11 月临港新片区管理委员会明确了最新的机构调整设置。根据上海市委机构编制委员会的批复,临港新片区设置了 15 个内设机构。同时,原有 83 个编制增加到 188 个编制,为新片区干部队伍进一步扩容、进一步提质增效预留了充足的空间。通过本次机构调整,临港新片区管理委员会成为一个充分授权、权责清晰、高效运作的区域性综合管理机构,明确了临港新片区市属市管的工作定位,充分体现了上海市委市政府举全市之力支持临港新片区建设的决心,同时赋予临港新片区市、区两级经济管理权限和改革自主权。上海市政府对临港新片区的定位和支持是前所未有的,这种机制体制的优势为临港新片区构建核心竞争力提供了内在的组织保障。

6.4 浦东新区行政区与功能区协同关系与特征

6.4.1 "四个浦东":行政区与多重属性功能区的嵌套和耦合

要厘清浦东的发展逻辑,必须认识和理解浦东行政区与功能区之间的关系。从区域发展属性上,至少有四个重要维度,在此简要为"四个浦东"。

一是作为国家级新区的浦东。所谓国家级新区是由国务院批准设立,承担国家重大发展和改革开放战略任务的综合功能区。国家级新区因有国务院批复体现国家级战略和新区发展需要,所在省按要求需下放部分省级管理权限,其实质均拥有副省级管理自主权,而与新区所处区域的行政级别无关。自1992年浦东新区成立开始,浦东就作为我国第一个国家级新区而存在,尤其值得指出的是,从1992年到2006年天津滨海新区升级为国家级新区,15年间全国仅有浦东一个国家级新区。

二是作为城市行政区的浦东。2000年浦东新区正式建政,建立浦东新区政府,至此浦东新区从行政区划意义上成为上海直辖市下属市辖区,为上海市的城市分治单位。需要指出的是,浦东新区正式建政标志着浦东作为国家级新区和作为上海市辖区双重区域属性和身份的正式耦合。

三是作为国家综合配套改革试验区的浦东。2005年国务院批准浦东新区进行综合配套改革试点,提出着力转变政府职能、着力转变经济发展方式、着力改变城乡二元结构"三个着力"的总体要求,成为国家首个综合配套改革试验区。与以往的经济特区、经济开发区相比,国家综合配套改革试验区的驱动力从国家政策支持转向地方制度自主创新与试验,改革的深度从单纯的经济发展转向复杂的综合、配套制度改革,从单向注重城市发展转向整体区域(城乡)协同发展。因此,制度与发展模式创新、"先行先试"、综合制度配套是其核心,目标指向是率先探索建立完善的社会主义市场经济体制,其优势体现为制度上的先发、先行、先试优势,在某种意义上具有"政治经济特区"或"制度特区"特征。

四是作为社会主义现代化引领区的浦东。2021年中共中央、国务院发布《中共中央 国务院关于支持浦东新区高水平改革开放打造社会主义现代化建设引领区的意见》。

6.4.2 聚焦区域功能塑造:从"四大金刚"到"4+3+1"生产力布局

城市区域功能的塑造是贯穿浦东新区开发开放全过程的核心特征之一,也是浦东新区开发开放成功经验的核心要义之一。在20世纪90年代浦东开发开放初期就规划布局了陆家嘴、张江、金桥和外高桥四大国家级开发区(俗称"四大金刚"),分别指向金融贸易、高科技产业、出口加工和自由贸易等区域核心功能。这四大开发区奠定了1990—2005年浦东开发开放的基本空间与功能格局。对于国内城区管理来说,一般按照城区(街道)、开发区(管委会/集团公司)、郊区(乡、镇)分别设置,因此开发区与周边街镇在规划建设、产业发展、社会管理等方面不衔接、不协调的问题普遍存在。

2004年9月开始,浦东陆续成立陆家嘴、张江、金桥、外高桥、三林和川沙六大功能区(图6-1)。从空间格局上强调以陆家嘴功能区为中心,其他五个功能板块呈扇形铺开,各功能区根据在用地布局、产业发展和功能分布上的联系和分工,形成一个核心、五个次级中心的发展格局。从功能塑造上强调每一个功能区的核心产业和城市功能:陆家嘴功能区围绕国际金融中心建设打造国际金融商务区;外高桥功能区以外高桥保税区为核心,发展集航运、物流、信息港及高科技、高附加值加工的综合性保税贸易区;张江功能区以张江高科技园区为依托,建设集创新、高科技产业和人才集聚的现代化城区;金桥功能区塑造以信息、汽车为重点的现代制造业基地和现代化国际城区;三林功能区以上海世博会为契机发展旅游、会展、商务与休闲产业,突出城市文化、生态功能;川沙功能区借力浦东国际机场和迪士尼乐园建设契机,发展现代化旅游度假区和会展、物流产业。

图 6-1 浦东新区六大功能区域划分示意图

2009年浦东、南汇合并后,浦东新区以"7+1"生产力布局与管理体制取代了六大功能区域管理体制,随后演化为"4+3"管理体制。在浦东"十四五"规划中,浦东提出"加快提升4+3+1重点区域功能",即促进陆家嘴、张江、外高桥、金桥功能提升、深度发展的"四区跃升",推进世博前滩、国际旅游度假区、浦东枢纽地区加快发展的"三区加速"和着力推动临港新片区功能建设、创新发展的"一区壮大"的空间战略和功能格局。纵观浦东开发开放以来的整个发展历程,通过设置和建构不同类型的功能区和功能区域管治体系,实现产业空间合理布局和区域功能塑造一直是浦东不变的主题和发展策略。

6.4.3 管镇关系迭代创新:从"管镇分隔"到多模式"管镇联动"

综观开发区与乡镇关系的研究及政策设计,普遍存在着一种基本取向,即以开发区建设为主轴,尽可能促使乡镇服务于开发区建设。应该说,这一取向的初衷是完全合理的,但在我国现行体制背景下,开发区与乡镇的诸多问题却与之具有直接或间接的关系。诸如开发区开发过程中涉及的征地问题(直接导致大批失地农民产生以及乡镇发展空间压缩)、开发区与乡镇的性质差别问题、开发区与乡镇地域形态与功能发展问题,因此浦东开发开放从20世纪90年代初期到21世纪初,虽然不断探索各种开发区与乡镇的协调机制,但总体上开发区与乡镇的关系一直处于管镇分隔状态,二者之间存在比较突出的矛盾。

2004年,为强化"区镇联动"、统筹区域协调发展,浦东探索功能区域管理体制,将全区划为六个区域,委托功能区管委会行使计划投资、规划管理、经贸管理、建设管理、环境保护和城市管理、财政管理等方面的事权。功能区管委会作为区委区政府的派出机构,统筹协调开发区和周边街镇,推进区域经济与社会发展,这一模式一直延续到2009年浦东、南汇合并。浦东、南汇合并后,撤销功能区管理体制,改为"7+1"生产力布局和管理体制创新,不断优化了功能区与街镇之间的协同与互动关系。

2015—2016年,浦东新区先后制定出台《关于进一步创新社会治理 加强基层建设,在张江试点完善开发区管委会与镇关系的实施意见》《关于在金桥试点完善开发区管委会与镇关系的实施意见》(简称"实施意见")⑦,在张江和金桥地区开展"管镇联动"试点。"实施意见"明确了管委会与镇之间的工作职责、财力保障和协调联动机制。主要做法是,在原有行政区划、各镇建制保持不变的前提下,进行四个方面的"变":第一个"变"是在政府职能转变上,通过经济职能与社会管理职能相对分开,推动管委会和镇合理分工、优势互补。调整后,管委会集中精力主导区域经济发展和改革创新,镇则把工作重心转移到公共服务、公共管理和公共安全等社会治理工作上来。第二个"变"是在管理范围上,职能整合和分立之后,镇和管委会的实际管理范围都相应扩大。第三个"变"是在管理机构上,按照责权利一致和精简高效原则,合理调整相关机构。镇撤销经济发展办公室,镇和管委会的城管(城市管理)、安监(安全监管)等执法力量对应整合(联动前,镇与管委会分别设有一支城管中队和安监队伍,但在执法范围上经常扯皮,两支队伍合并后由镇进行日常管理)。第四个"变"是在财力保障机制上,坚持费随事转,确保既得利益,体现适当激励,充分维护镇的利益。在经济发展与社会管理事权调整之后,对镇政府的财力保障机制也进行了相应调整,保证镇在改革中的利益。

6.5 浦东新区行政区与功能区协同治理经验及启示

6.5.1 市—区协同理顺功能区纵向管治结构

功能区是由中央政府或地方政府批准设立的特定经济功能区域,由功能区所在地或申请设立的地方政府设置的派出机构管理。行政区是国家为便于行政管理而分级划分的区域,行政区一般按照国家现有的行政区划设立市、区、街道、县、乡、镇等具有政权性质的管理层级。从严格意义上来看,我国的国土空间都是由各级行政区完全覆盖的,功能区则是因中央或地方政府特定的经济、政策功能需要,在原有行政区划空间基础上划定设立而成,因此行政区与功能区之间天然存在交叠、嵌套、耦合、重组等空间关系。从纵向上看,主要是国务院(部委)—省级政府—功能区所在市(区)/县之间的空间管治关系;从横向上看,则主要是功能区与周边区/县或街、镇(乡)之间的空间治理关系。事实上功能区的纵向管治关系是行政区—功能区融合发展的首要关系,这一方面是因为纵向管治关系决定着功能区的权利与权限,另一方面这一关系也决定着功能区与周边行政区的权利关系格局。上海和浦东新区在处理行政区与功能区的纵向关系上有以下特征和经验值得学习和借鉴:

一是在浦东开发开放初期通过行政区划调整的方式,打破"三区两县+管委会"的管治结构,建立完整、独立的浦东新区,并建立"两委"(党工委、管委会),作为上海市委市政府的派出机构对浦东开发开放进行统一管理,打破之前"空办""控办"的管治僵局,这是上海市委市政府和浦东新区共同努力的结果。

二是浦东在2004年开始创新性地在区与镇(街)之间设置六大功能管理区,这一制度设计和改革创新是突破我国市辖区—街、镇(乡)的行政区划设置逻辑的。这一改革虽然存在多方面的矛盾和争议并最终被取消,但它在推动浦东新区各板块区域功能塑造和推动开发区与周边乡镇融合发展方面具有积极而重要的意义,事实上通过设置六大功能区来塑造区域核心功能的思想和理念一直延续至今("4+3+1"的生产力布局),这一制度设计如若没有上海市委市政府和浦东新区的协同配合,是无法得以实行的。

三是为了推动重点核心功能区向更高层次跃升,市—区联动组建高层级的功能区管治机构,典型的案例如2018年重组上海推进科技创新中心建设办公室为市政府派出机构,实现上海推进科技创新中心建设办公室与上海张江综合性国家科学中心办公室、上海市张江高新技术产业开发区管理委员会、上海市张江科学城建设管理办公室、中国(上海)自由贸易试验区管理委员会张江管理局"五位一体"的管治结构,对于上海建设具有全球影响力的科创中心具有重大现实意义。

6.5.2 管—镇联动推动功能区—行政区横向融合发展

功能区与周边街、镇的经济竞争、空间争夺和权责推诿一直是我国城市功能区与行政区之间矛盾与冲突的核心，表现形式也多种多样，诸如招商引资无序争抢、管理边界分歧、"插花地"管理、教育与医疗优质资源争夺、社会治理和公共事务责任推诿等，最终导致功能区核心功能不突出、特色产业分散发展、边界区域"三不管"、行政区—功能区利益摩擦不断等治理难题，严重影响了区域整体发展形象与效益，在此背景下"管—镇联动"成为解决行政区—功能区空间治理困境的重要关键词。但是，管—镇联动作为一个目的或者解决问题的手段本身即是一个指向性的模糊方案，对于如何实现管—镇联动，各地都还处于不断尝试和探索阶段，还没有达成普遍共识的最优解。但是，浦东新区在推进管—镇联动促进功能区—行政区融合发展方面，仍然做出了许多独具价值的创新探索，核心有以下三个方面：

一是超越传统功能区的空间边界，聚焦区域板块核心功能塑造，推动功能区—行政的空间整合，典型的做法是通过建立六大功能区，推动张江高科技园区—张江镇的融合发展，后期又通过空间规划、功能区规划和配套制度设计，共同打造张江科学城、上海张江综合性国家科学中心等。这一做法的核心是，超越上海张江高新技术产业开发区的概念和空间范畴，立足更高层次的战略定位和更大范围的空间板块来谋划区域核心功能和共同利益，这极大地避免了张江开发区和镇之间的竞争压力和利益冲突。

二是一地一策，因地制宜地探寻与区域发展特质相适应的管—镇联动模式。就目前浦东新区范围内的管—镇联动而言，至少有"法定机构＋街道""管镇合一""管镇联动""局部管镇联动"等不同组织和治理模式，通过分析各种模式的差异性特征和协同治理实效发现，虽仍然面临诸多细部问题，但基本上处于当前条件下的最优解，同时也仍然在动态更新和优化。

三是发挥功能区和行政区各自的比较优势，推进功能区和行政区主体职能的专业化分离。分析浦东新区管—镇联动的不同实践模式，其最大的共同性在于功能区（管委会）和行政区（街道、镇）的职能分离，管委会主要着力于区域板块内的招商引资、核心产业发展、空间功能塑造等领域的全面统筹，街道、镇则主要负责区域范围内的社会治理、公共服务等行政性事务，街道、镇的财税收支则主要基于空间公平和协同发展的理念，由区级政府、管委会、街道和镇三方协商与协调。

6.5.3 协同推进全域化功能区建设与优化基层行政区治理

无论是功能区的纵向管治结构还是横向空间治理关系，都不是单一的切面或各自独立、自成体系,相反功能区与行政区的协同治理和融合发展必须以科学的顶层设计为依托。纵观浦东新区从20世纪90年代开发开放至今,一个整体性的行政区—功能区协同治理框架日趋明显,一方面是全域化功能区的建构,另一方面是基层行政区的结构优化。

一是聚焦核心功能塑造和生产力布局推进功能区的全域化。2004年浦东新区设立六大功能区,实现了六大功能区域对浦东新区的全域覆盖,即浦东新区通过六大功能区的建设来推动全域范围的空间板块及其主体功能的塑造。如前所述,这一制度设计尽管存在种种矛盾和争议,但是这一制度设计的核心思想和理念却从未中止,而是在2009年浦东、南汇合并后以"7+1"生产力布局的新概念和管理体制延续下来,在浦东新区"十四五"规划中,则进一步演化为"4+3+1"的空间战略和重点功能区域发展与治理规划。事实上,当前陆家嘴金融贸易区、金桥经济技术开发、张江科学城、世博地区、国际旅游度假区、中国(上海)自由贸易试验区临港新片区、中国(上海)自由贸易试验区等代表性功能区基本实现了对浦东新区1 200 km² 土地的全域覆盖,也就是说,浦东新区的生产力布局和空间功能塑造是由这些功能区来主导和统筹的,而作为正式城市行政区划层级体系的镇、街道由于行政能级低、资源动力能力不强、空间边界约束以及制度灵活性不足等因素,而逐渐回归行政区"分级行政管理"、社会治理和公共服务供给的基本职能。这对于其他城市处理行政区与功能区的关系尤其具有启发意义。在针对重庆、大连、成都、苏州等诸多城市的调研中,许多城市面临行政区—功能区的无序竞争和利益摩擦,大多因为这些城市中的行政区与功能区之间在某种意义上是无差别的利益竞争主体关系。

二是不断提升和优化基层行政区的社会治理与服务能力。浦东新区行政区—功能区的融合发展,除了功能区对全域空间功能的主导和统筹外,基本上还必须以基层行政区(镇、街道)的社会治理和服务能力提升为支撑。也就是说,当浦东新区各功能区聚力于招商引资、产业升级、空间功能塑造时,各类行政性管理、社会性事务和公共服务供给则必须由各街道、镇等基层行政区承接和支持。这就涉及两个重要领域:一个是基于治理效率的基层治理单元的科学划分,如街道、镇、居(村)的科学设置和有序拆并,区域快速变迁过程中的城乡治理模式(镇管社区、基本管理单元)等,浦东新区自20世纪90年代开发开放至今经历过多次、渐进式的乡镇拆并、镇改街道、镇管社区、基本管理单元划分等基层政区改革,其目的和指向都是与基层社会治理和服务需求相适应;另一个是基层政区提升治理能力和服务水平相关联的资金与资源保障,浦东新区从20世纪90年代的管镇分隔、"自扫门前雪"逐渐走向当前的管镇协同与融合,一个重要的前提是区—管委会—街道、镇三方协商,制定合理的财税分享和转移支付政策,确保街道、镇能够获得社会治理和公共服务所需的资金和资源。

6.6 主要结论:行政区与功能区协同发展与治理模式创新

6.6.1 关于行政区与功能的关联关系与协同治理的认识基础

通过对现有研究文献的逻辑分析和对浦东新区发展与治理实践的案例考察可以发现,行政区与功能区之间存在一定的统一性,二者都依托于我国的国家治理体系、服务于国家治理目标,在某种意义上二者都具有国家空间(state space)建构的内涵[8],同时行政区与功能区之间在空间和制度上都可能存在嵌套、交叠甚至相互转换等关系。但从核心特征上看,二者之间存在重大差别,主要表现为功能区的管治机构具有灵活性和多样性、职权配置凸显功能性和专业性、空间边界具有政策性和跨域性,这使得功能区相较于传统行政区的法定权力和"空间刚性",具有明显的弹性和柔性治理特征。因此,行政区与功能区应该被理解为两种不同的国家空间建构、两套不同的地理管理体系,二者在空间和职能上主要是领域分工与互补合作的关系,功能区的产生与发展有其自身的生命周期和发展逻辑,"合并建政""政区合一"并不是功能区的发展方向和最终归宿。

6.6.2 关于行政区与功能区协同发展与治理的基本逻辑

基于上述认识基础,本章认为行政区与功能区协同发展与治理的基本逻辑是,按照国家治理现代化和城市发展现实需要,理顺行政区和功能区两套地域管理体系的关系,发挥行政区和功能区各自在空间和制度上的互补优势,构建起行政区和功能区兼容、并行的"双轨制"。结合浦东新区实践经验,具体而言:一是要提高行政区划的科学性和稳定性,发挥行政区的法定权力、边界刚性、科层管理的优势;二是要推动功能区设置与管治模式不断迭代创新,发挥功能区制度活力、弹性空间、扁平管理的优势;三是理顺国家(中央)—地方(功能区归属地)—功能区之间的关系,构建起上下联动、协同治理的纵向管治结构;四是在横向上理顺功能区与功能区内外周边地区的权、责、利关系,其核心是扭转功能区异化为地方利益主体与周边行政区争夺资源、推诿责任的失序局面。

6.6.3 关于功能区的迭代创新与"功能属性"的塑造

从国家层面来看,我国功能区从最早的经济技术开发区、高新技术产业开发、保税区、出口加工区、边境经济合作区发展到国家级新区、国家自主创新示范区、自由贸易试验区,从早期基于财税优惠、独享性政策的"极化发展"转向基于开放、制度试验优先权的"复合功能""泛化延伸"[9],凸显出明显的迭代创新趋势。随着世界经济全球化的持续深入和我国工业化、新型城镇化的快速推进,国家发展战略和国家空间治理体系现代化都催动我国各类功能区必须不断迭代创新,使之与新时期的空间生产和社会经济治理要求相适应。在此背景下,正如浦东张江由最初的高科技产业园区演变为现今的"一套人马,五块牌子"[上海推进科技创新中心建设办公室、上海张江综合性国家科学中心办公室、上海市张江高新技术产业开发区管理委员会、上海市张江科学城建设管理办公室、中国(上海)自由贸易试验区管理委员会张江管理局],功能区的嵌套、交叠与多重功能复合是新的、必然的发展趋势。此外,功能区的"核心功能属性"的塑造是新时期功能区发展与治理的重要课题,受发展主义、以发展为导向思想的影响,我国不少功能区异化为地方利益主体,其发展与治理偏离其设置初衷和核心功能,如在房地产开发利益驱使下,一些高新技术产业开发区背离其核心功能大肆开发房地产,因此功能区上级主管单位和功能区所在地方政府必须强化功能区的监督与管控机制,防止功能区异化为地方或集团利益主体,督促功能区聚焦于核心功能属性的塑造,使之真正成为所在城市或区域的特定功能载体或发展示范空间。

(执笔人:胡德)

第6章注释

① 参见《邓小平文选:第三卷》。
② 参见《国务院关于上海市设立浦东新区的批复》(国函〔1992〕146号)。
③ 从人员配备上看,当时浦东新区党政机构共配备800名行政编制,当时浦西各区的行政编制数大约在1 200名。
④ 指由国家级开发区作为"火车头"带动周边乡镇(车厢)发展,由开发公司通过搬迁、改造、打时间差和联动等方式,与乡镇企业和失地农民共同发展。
⑤ 指在外高桥地区,高东镇、高行镇、高桥镇、外高桥保税区和外高桥港区联动,在规划、土地开发、招商引资上协调发展。
⑥ 数据来源于《上海浦东着手取消六大功能区,着力打造高效政府》,载《21世纪经济报道》,2010年2月3日。
⑦ 指《关于进一步创新社会治理加强基层建设,在张江试点完善开发区管委会与镇关系的实施意见》《关于在金桥试点完善开发区管委会与镇关系的实施意见》。

第6章参考文献

[1] 朱孟珏,周春山. 我国城市新区开发的管理模式与空间组织研究[J]. 热带地理,2013,33(1):56-62.
[2] 朱虹,王淑敏. 我国经济功能区类型及编码标准化研究[J]. 标准科学,2018(11):53-58.
[3] 王慧. 开发区运作机制对城市管治体系的影响效应[J]. 城市规划,2006,30(5):19-26.
[4] 王丰龙,刘云刚. 准行政区划的理论框架与研究展望[J]. 地理科学,2021,41(7):

1149-1157.

[5] 倪星.中国经济功能区在走向体制复归吗:基于发展型国家和城镇化两种视角的分析[J].学术研究,2019(8):42-48.

[6] 杨龙,王朦.经济功能区的体制困境与转型模式选择[J].国家行政学院学报,2014(5):89-93.

[7] 周光辉,隋丹宁.当代中国功能区:破解发展难题的空间治理创新[J].国家现代化建设研究,2022,1(3):89-105.

[8] 陈浩,张京祥.功能区与行政区"双轨制":城市政府空间管理与创新:以南京市区为例[J].经济地理,2017,37(10):59-67.

[9] 张道航.从"极化发展"到"泛化延伸":论经济功能区在区域经济发展中的角色转换[J].长白学刊,2011(1):109-113.

第 6 章图表来源

图 6-1 源自:浦东新区"区镇联动"课题小组绘制.

表 6-1 源自:笔者根据上海市经济和信息化委员会编制的《2021 上海市产业园区统计手册》数据绘制.

7 省界毗邻政区的行政边界突破与协同发展：以长三角地区为例

7.1 区域一体化视角下省界毗邻政区协同发展困境

省界毗邻政区是以省级行政边界为起点，向行政区内部横向延展一定宽度所构成的、沿边纵向延伸的窄带型区域[1]。学术界对省界毗邻政区的表述不一，包括跨界区域[2-3]、省际边缘交界区（地带）[4]、省际跨界地区等，而根据行政级别又可详细划分为省界县、省界毗邻基层政区[5]等。掣肘的联系性是省界毗邻政区特征的集中体现：省界毗邻政区存在同属一个自然区域的资源环境共享性，有形成资源共享、要素共用、产业共生、市场一体的区域发展空间格局的基础，又存在区位的边缘性、行政的边界性和政策的断裂性等现实困境[6]。在这种矛盾性质下，多数省界毗邻政区成为边缘化的"洼地"。

2019年，《长江三角洲区域一体化发展规划纲要》明确提出，要加强跨区域合作，探索省际毗邻区域协同发展新机制。同年，国务院批复《长三角生态绿色一体化发展示范区总体方案》，积极探索不改变行政隶属、打破行政区经济的区域一体化制度路径。2020年，国家发展和改革委员会发布"以省际跨界地区融合为衔接，精准推动长三角一体化发展"的政务解读，提出长三角省际跨界地区发展潜力巨大，是长三角范围内推广复制一体化示范区经验的首选区域。2021年，《安徽日报》发表《省际毗邻区：发展"洼地"变"高地"》，国家发展和改革委员会官网对其进行了转载。这表明提高省界毗邻政区之间、省界毗邻政区与区域核心城市之间的融合发展是区域一体化发展到一定阶段面临的现实问题与重大课题。在实践中贯彻落实生态文明思想，安徽和浙江两个省已较为成功地合作实施新安江跨省流域横向生态保护补偿项目；围绕"共商、共建、共管、共享、共赢"的发展理念，2019年长三角生态绿色一体化发展示范区建立后进一步拓展跨省轨道交通互联互通板块，加快了沪苏湖高铁等交通基础设施和青浦西岑科创中心等创新增长极的建设；在苏皖毗邻地区，安徽省和江苏省以顶山—汊河、浦口—南谯、江宁—博望为重点，加快建设省际毗邻政区新型功能区。尽管已积累了制度、生态、经济等方面的跨省合作经验，但长三角省界毗邻政区跨界协作阻碍重重且发展相对缓慢，仍然处于局部试点状态。究其原因，

"行政区经济"和"边界效应"是省界毗邻政区间要素流动的主要阻碍,权力空间与行政边界对经济空间的切割减少了省界毗邻政区间的要素流动。由此,通过对省界毗邻政区增权赋能,加强省界毗邻政区间的开放与互动,对打破"行政区经济"、破除"边界效应"、衔接都市圈联动发展和促进区域一体化发展具有重要意义。

同时,省界毗邻政区的发展也并不均衡。省界毗邻政区具有地缘结构的相似性以及地理区位、资源条件、发展阶段等因素的同质性,但由于"切变效应",边界地区社会经济特征的连续空间分布受到干扰[7],处于不同区域的省界毗邻政区也存在明显的异质性。例如,上海市的嘉定区和苏州市的昆山市、太仓市(嘉昆太)等区域领衔高质量发展省界毗邻政区,而以浙江、安徽为代表的部分省界毗邻政区仍处于融合发展起步阶段。结合省界毗邻政区间发展不均的现实,亟须探索针对不同省界毗邻政区的政策或制度模式。

在有关省界毗邻政区的讨论中,主流研究以省界毗邻政区发展现状和影响因素为重点,研究内容主要涉及生态、流域和旅游的协同治理与发展;城市视角下多关注人口流动、交通建设、跨界管理等方面。企业作为城市代理人能够促进资源集聚,作为知识创新主体之一能够通过技术流动引导城际合作,是驱动城市对外联系的重要桥梁之一,但在相关研究中缺乏足够的关注。有国外学者研究了行政壁垒对斯洛文尼亚中小企业的绩效作用[8],但是企业联系对边界壁垒的反映和影响尚未探索。用企业总部—分支机构联系来表征城市间联系是城市网络研究的主要方法之一[9],企业网络方法对经济空间连续性和"边界效应"类型的描述也更为真实。

因此,本章构建长三角省界毗邻政区企业总部—分支机构联系来表征城市网络,利用社会网络分析(Social Network Analysis,SNA)方法测度长三角省界毗邻政区的联系强度和网络地位,并通过探索性空间数据分析(Exploring Spatial Data Analysis,ESDA)类型化长三角省界毗邻政区的跨界合作类型,从而判断毗邻区县空间特征差异。进一步利用模糊集定性比较分析(Fuzzy-set Qualitative Comparative Analysis,fsQCA)探究多方面前因条件与跨省界强联系的复杂因果关系,从而总结出长三角省界毗邻区县突破边界的路径。试图回答问题:① 长三角省界毗邻政区城市网络格局与"边界效应"特征是什么?② 长三角省界毗邻区县具有怎样的网络地位和差异化跨界合作类型?③ 不同省界毗邻区县实现高跨界能力的路径是什么?本章希冀为长三角省界毗邻政区提供类型化、差异化的发展路径组合和治理模式借鉴,将省界毗邻政区联动发展成为区域一体化新兴功能板块。

7.2 省界毗邻政区行政边界突破的经验思路

已有的省界毗邻政区相关研究主要关注理论基础[10]、案例地区发展现状、影响因素与驱动机制[11]和治理路径[5, 12]等方面,具体热点话题包括发展建设区域中心城市[13]、跨界旅游资源联动开发[14]、自然流域跨界协同治理[15]、边界区城镇化等方面。

省界毗邻政区的主流理论基础研究一致认为,"行政区经济"和"边界效应"是当下省界毗邻政区间要素流动的主要阻碍。"行政区经济"是指在中国政治经济制度背景下,由于行政区划对区域发展和要素流动的空间约束而形成的一种特殊区域经济现象和区域运行规律[16]。有学者在此基础上进一步提出"行政区边缘经济论",即行政边界区域表现为经济欠发达性、不协调性和不可持续性,形成了一种具有明显分割性和边缘性特征的"行政区边缘经济"[17]。究其本质,是地方政府的权力空间与市场空间的匹配或博弈过程,因此不少研究转而关注以"经济区建设"[18]和"撤县(市)设区"[19]为主的行政区划空间再定过程,通过整合政府间的关系和权力分配以促进效率提高[20]。而"边界效应"理论最初源于以空间经济学为基础的边界传递效应研究,由于区域间内在禀赋、发展阶段和发展诉求的差异存在,行政边界两侧区域可能出现竞争或合作互补关系,在表现形式上可划分为"桥梁效应"与"切变效应",亦可称作"中介效应"与"屏蔽效应",两者可在一定场景下相互转换。其中,边界的"屏蔽效应"研究是以制度经济学为理论基础,表明行政边界的屏蔽会增加人员流动和商品交易的时间成本和经济成本[21]。边界内涵包括自然边界、行政边界、市场边界、文化边界等[22]。

案例地区在研究尺度和范围上也呈现多样性,研究者关注跨境毗邻边界区(如中国省级边境县[23])、四省毗邻政区(如苏鲁豫皖毗邻区[6])、三省毗邻政区(如滇黔桂毗邻区[24])、文化聚居区(如"红三角"省际边界区[25]和赣粤闽客家聚居区[26])、经济区(如淮海经济区[18]和中原经济区[27])、自然区(如新安江流域行政区[15])、政策区(如长三角生态绿色一体化发展示范区、都市圈和城市群[28])、省际专业化功能区(如跨省工业区[29])等。省界毗邻政区具有地缘结构的相似性、地理区位和资源条件的同质性,但处于不同板块的省界毗邻政区存在明显的异质性,因此在研究中常常对边界区及"边界效应"的类型进行总结和划分。有研究根据边界区域本身性质将边界区划分为地形要素制约型、区位交通主导型等六类驱动类型区[30];将省际边界线划分为桥梁型、切变型和中间型来反映"边界效应";根据效应类型将边界分为一体化边界和疏远型边界[31];依据经济空间集聚特征将淮海经济区划分为扩散型、极化型、沉陷型和传染型四种县域集聚区[32];还有学者先从经济发展程度将省界毗邻政区分为弱弱型、强弱型、强强型三类区域,并据此提出弱弱联合式、强弱互补式、强强协作式开发模式[33]。

已有研究在方法上延续了探究"边界效应"所采用的引力模型,最初在国际贸易传统中,"边界效应"被简单定义为"国内贸易量超过国际贸易量的程度"[34],并利用引力模型探究贸易壁垒与"边界效应"。此外,已有研究在方法上聚焦城镇引力模型、地理加权回归模型、巴罗(Barro)回归方程[31]、重力模型、空间自相关性等。例如,有研究采用城镇引力模型量化城市间经济联系强度[35],以各省份间产业结构或经济增长的趋同性为判断标准,若趋同趋势越快则意味着"边界效应"越小。但这类研究在构建省界毗邻政区间的关系时往往是模拟一种理想状态下的经济联系,却忽略了要素的流动性,而以流动要素构建的有向加权网络往往更能反映省界毗邻政区的网络地位和真实关系。少量"流空间"视角的研究仅采用社会网络分析从人口流动网络[28]和跨界旅游客流网络[36]角度进行探究,固然人口流动会成为打破边界的重要维度,但社会经济角度的要素流动亦不可忽视。

在发展对策与治理路径方面,部分研究提出的发展对策是要积极培育具有省界毗邻政区特色的区域中心城市[37],并通过促进区域中心城市间的互动来打破边界,还有研究基于欧盟标准地区统计单元三级统计区域(Level 3 of Nomenclature of Territorial Units for Statistics,NUTS 3)来探究边界地区补偿机制的建立[7],通过平衡边界地区的发展来消除阻碍。因此,发展对策与治理路径偏向于毗邻政区整体区域协调的视角,而忽略了省界毗邻政区内部的差异性及因地施策的必要性,即使存在少量对研究对象类型学的研究,却仍然导向同质性政策供给。

因此,本章采用企业总部—分支机构形成的经济联系来表征省界毗邻政区的局部城市网络,并以得到能够因地施策的发展路径为目标,在差异化省界毗邻政区网络地位、类型化省界毗邻政区合作类型后,进行模糊集定性比较分析,探索长三角省界毗邻政区分类施策的组合路径与治理模式(图7-1)。

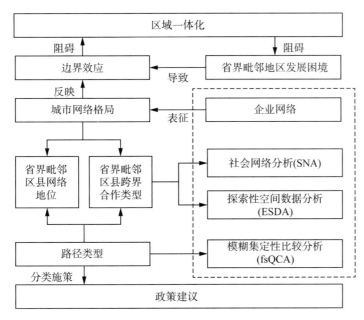

图7-1 技术路线图

7.3 省界毗邻政区范围划分与测度方法

7.3.1 研究范围与数据处理

本章以长三角省界毗邻政区为空间范畴,以 2021 年行政区划为准,沿省界划分 70 个区县级研究单元,其中包括陆海接壤的毗邻政区。

企业信息来源于 2018 年第四次全国经济普查的企业数据,通过建立企业字段数据库,利用结构化查询语言(Structured Query Language, SQL)语句筛选出总部—分支机构关系,并根据研究需要匹配和校正企业总部及分支机构地址等字段信息[38],由此建立基于企业总部—分支机构关系的、区县级空间单元间的城市联系网络,最终遴选出 3 218 条有效联系。相关城市属性数据来源于《中国县域统计年鉴(县市卷):2019》、2018 年各县国民经济和社会发展统计公报及 2019 年各地级市统计年鉴。

7.3.2 研究方法

首先,针对研究问题,根据奥尔德森(Alderson)等[39]的城市网络衡量方法,通过界定并遴选有效企业总部—分支机构联系来构建长三角省界毗邻政区有向加权的局部城市网络,界定标准为企业总部(分支机构)位于上述 70 个省界毗邻区县中且其分支机构(总部)位于与该区县有重合边界的邻省地级市内①,以此构建 131×131 的非对称矩阵,用于反映长三角省界毗邻政区城市网络格局和刻画毗邻区特征类型。

其次,采用社会网络分析,利用加权度中心性、修正的相对度中心性及节点对称性来描述省界毗邻区县的网络地位。结合联系的有向性,将加权度中心性分为加权出度中心性(outdegree)和加权入度中心性(indegree)指标,分别反映城市的"威望"和"控制力"[39]。将有向加权网络简化为无向二值网络,从联系广度的角度采用相对度中心性来测度节点的网络地位,由于本章界定并遴选的有效联系限于省界毗邻区县及与其接壤的地级市间,而各省界毗邻区县接壤的地级市不同,因此对原始公式[40]进行修正以满足比较不同局部网络相对中心性的需求。节点对称性指标是用于描述网络节点聚敛和辐射能力的相对关系[41],值越大表明该节点对其他节点的聚敛效应比辐射效应更明显[42]。通过加权对称性指标识别在省界毗邻政区城市网络中相对的总部型、分支型与平衡型城市。

同时,采用探索性空间数据分析(ESDA)测度局部空间特征差异。探索性空间数据分析(ESDA)依赖空间结构单元的聚类分布来检测空间集聚和空间差异,进而探究区域间的作用关系和相互联系性[23],包括全局和局部自相关统计,分别探究整个研究区域某一现象的空间自相关程度和是否存在高(低)值的显著局部空间集聚[43],由此划分长三角省界毗邻政区跨界合作类型。

最后,采用基于集合论思维的模糊集定性比较分析(fsQCA)探究不同长三角省界毗邻区县突破边界的路径,并根据组态结果回溯案例本身对话因地制宜的政策模式。模糊集定性比较分析(fsQCA)基于集合论原理,从组态视角探究前因条件集合与结果集合之间的因果复杂性问题[44],有别于线性关系的净效应,它是基于案例导向思维而非变量导向性质的方法,具有非对称性特点[45]。在本章中,模糊集定性比较分析(fsQCA)具有以下优势:① 在研究规模上,它不仅适用于大样本,而且适用于小样本的城市案例研究;② 在"边界效应"和跨界相关研究中,影响机制较为复杂,往往由众多影响因素形成协同效应,模糊集定性比较分析(fsQCA)能够包含进行反向案例分析后发现的不被净效应的主效应解释的案例;③ 模糊集定性比较分析(fsQCA)的非对称性能够处理更多变量的交互作用,如前因条件间的替代、互补或抑制关系;④ 针对不同要素禀赋的省界毗邻区县,模糊集定性比较分析(fsQCA)能够总结出基于理论的异质性发展路径,且可以根据组态结果回溯案例本身进行对话,从而分析提炼出因地制宜且具有针对性的政策模式。

7.4 长三角省界毗邻政区城市网络

7.4.1 省界毗邻政区城市网络空间格局

在地理信息系统软件 ArcGIS 10.3 中对企业网络进行四级自然断裂,识别出省界毗邻政区间的城市联系强度,分为弱(1—7)、较弱(8—25)、较强(26—65)、强(66—168)四个等级,联系的顺时针指向为联系方向(图 7-2)。根据国家发展和改革委员会发布的"以省际跨界地区融合为衔接,精准推动长三角一体化发展"政务解读,长三角省界毗邻政区被划为沪苏浙三省毗邻区、苏浙皖三省毗邻区、皖南浙西毗邻区、皖北苏北毗邻区、皖江南京毗邻区五大片区。长三角省界毗邻政区城市网络呈现出多组团差异化发展的空间格局,局部密度由高到低为沪苏浙三省毗邻区、皖江南京毗邻区和皖北苏北毗邻区三个网络状组团,其范围分别与上海大都市圈、南京都市圈和徐州都市圈高度重合,可见长三角生态绿色一体化发展示范区将生态优势转化为社会经济优势卓有成效。强联系仅在以长三角核心城市上海市的省界毗邻政区为中心的沪苏浙三省毗邻区出现聚集态势,且均由上海市省界毗邻政区向外单点发散,如嘉定区—昆山市(168 条)、青浦区—昆山市(136 条)、浦东新区—鄞州区(110 条),呈现出较明显的局部网络等级特征,也表明"边界效应"中的"切变效应"对于上海市省界毗邻政区的作用较小。而同时受到沪宁杭三大都市圈辐射影响的苏浙皖三省毗邻区却并未被纳入三个区域网络组团之内。皖南浙西毗邻区仍然是网络相对封闭、孤立的地带,其中,位于其最西端的黄山市休宁县和衢州市开化县呈现出边缘化的特征,在网络中成为完全孤立的节点,这可能是因为受到走势沿着省界方向的自然山体阻隔影响。根据局部城市网络跨界联系强度,可将长三角省界毗邻政区分别对应三种特征类型,其"边界效应"逐渐由"切变效应"向"桥梁效应"转变,分别是低强度的"皖南浙西毗邻屏障区"、较低强度的"皖北苏北毗邻中间区""皖江南京毗邻中间区"以及高强度的"沪苏浙三省毗邻区"。

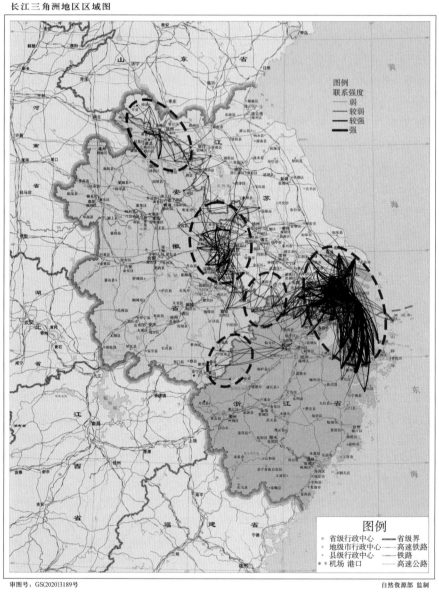

图 7-2　省界毗邻政区城市网络的空间结构与格局

7.4.2 省界毗邻政区的网络地位

采用社会网络分析软件 Ucinet 6.0 计算出加权出度与入度中心性,排名前 15 位的省界毗邻区县如表 7-1 所示,长三角核心城市的市辖区与经济百强县均具有较高的网络地位,同时具有较高威望和控制力的省界毗邻区县为上海市宝山区、嘉定区,苏州市吴江区、昆山市、太仓市,以及宁波市北仑区。加权出度排名前 15 位的城市中分布着各局部网络组团的中心城市,如作为"苏皖中部毗邻中间区"核心的南京市浦口区、江宁区与滁州市南谯区,而加权入度排名前 15 位的城市分布区域相对聚集,几乎均属于"沪苏浙三省毗邻区",如南通市启东市、海门区和嘉兴市嘉善县,结合上海省界毗邻区县的加权出度排名位居前 7 位可得,上海的省界毗邻区县扩张能力与辐射影响力较强。总的来看,除了上海市省界毗邻区县外,其他省界毗邻区县功能较为相同,"威望"影响力普遍均小于其"控制力"。

表 7-1 长三角省界毗邻政区加权出(入)度前 15 位

加权出度排名前 15 位	联系强度	加权入度排名前 15 位	联系强度
浦东新区	535	昆山市	766
宝山区	358	太仓市	250
嘉定区	358	吴江区	164
青浦区	343	启东市	92
崇明区	211	慈溪市	86
金山区	138	嘉善县	81
奉贤区	133	北仑区	80
吴江区	74	海门区	74
昆山市	61	花山区	70
北仑区	53	定海区	63
浦口区	47	平湖市	61
江宁区	43	宝山区	41
太仓市	41	嘉定区	41
吴兴区	31	吴中区	39
南谯区	24	镇海区	39

根据有向网络的方向性,采用城市节点对称性指数(Node Symmetry Index, NSI)将长三角省界毗邻区县分为总部型城市、分支型城市和平衡型城市,据定义总部型城市(NSI=−1)为淳安县、丰县、金湖县、临安区和盱眙县;分支型城市(NSI=1)为岱山县、砀山县、杜集区、明光市、五河县和宣州区;平衡型城市(NSI=0)为绩溪县、溧水区、睢宁县、仪征市。由于

上述部分总部型城市、分支型城市和平衡型城市的加权出度和入度中心性过低,可能具备偶然性,删除网络联系强度为"弱"(1—7)的城市节点,筛选出舟山市岱山县和宣城市宣州区为分支型城市,徐州市睢宁县和南京市溧水区为平衡型城市。弱总部型城市主要聚集在上海市、南京市和徐州市,弱分支型城市集聚在湖州市、嘉兴市、宁波市、苏州市、马鞍山市和宿州市。

由于各省界毗邻区县的接壤省界和区县数量不一,将有向加权网络简化为无向二值网络,采用修正的相对度中心性来测度网络节点的联系广度,分析省界毗邻区县是呈现多向突破边界态势还是仅单向与某一邻接区县构建关系,由自然间断划分五个等级后可得,位列前15位的省界毗邻区县分别为北仑区、吴江区、青浦区、海门区、启东市、定海区、浦东新区、雨山区、金山区、慈溪市、镇海区、宝山区、花山区、崇明区和平湖市。相较于加权出度和入度,隶属于"沪苏浙三省毗邻区"的上海市、宁波市、嘉兴市、苏州市和南通市省界毗邻区县普遍网络地位高,但局部网络呈现扁平化特征,形成多点突破边界的广泛联系网络;在"皖江南京毗邻中间区"中,仅与南京市毗邻的马鞍山市雨山区、花山区相对度中心性较为突出,而仅与马鞍山市毗邻的南京市江宁区、高淳区和溧水区相对度中心性不高,这表明相比马鞍山市其他区县,更接近南京都市圈核心的马鞍山市省界毗邻区县更能够受到南京市辐射。受区位边缘性和都市圈阴影区影响,位于长三角北端的徐州市丰县、淮安市盱眙县,西端的黄山市休宁县、衢州市开化县、杭州市淳安县和宣城市绩溪县相对度中心性最低。

7.4.3 长三角省界毗邻政区跨界合作类型

1) 全局空间自相关性

首先利用空间数据分析软件 GeoDa,基于邻接的空间权重矩阵计算全局莫兰指数(Global Moran's I)的值为 0.543,标准分数 z 值为 7.239 8,显著性概率 p 值为 0.001。全局莫兰指数为正值且通过显著性检验,这表明省界毗邻区县加权度中心性存在较强的正向的空间正相关性,空间趋同效应显著,具有整体集聚性特征。

2) 局部空间特征分异及跨界合作类型

为进一步探究长三角省界毗邻区县所面临的差异化"边界效应"及空间关联模式,根据加权度中心性,采用空间数据分析软件 GeoDa 计算长三角省界毗邻区县加权度中心性的空间联系的局部指标(Local Indications of Spatial Association,LISA)集聚。空间联系的局部指标(LISA)聚集中的局域区县单元与其相邻区县单元间产生四种类型的局部空间联系形式:① H—H 型(高—高型),即某省界毗邻区县与周边省界毗邻区县的加权度均高且空间差异小的区域。H—H 型集聚于"上海市—南通市"和"上海市—苏州市"边界,共有 8 个此类区县,面积占长三角省界毗邻政区的 7.68%,人口集聚占全域的 18.34%,而地区生产总值的占比达 21.08%,

形成以上海市省界毗邻区县为中心的扩散型集中区。② H—L型（高—低型），即某省界毗邻区县加权度高而周边省界毗邻区县加权度低且空间差异大的区域，图中未曾出现此类聚集。③ L—L型（低—低型），即某省界毗邻区县与周边省界毗邻区县的加权度均低且空间差异小的区域。L—L型集聚于"皖南浙西毗邻屏障区"并较少分布至"皖北苏北毗邻中间区"，共有12个此类区县，面积占长三角省界毗邻政区的28.57%，人口集聚占全域的12.89%，而地区生产总值仅占全域的7.02%，其中只有铜山区的经济发展水平超过平均水平。"皖南浙西毗邻屏障区"的资源禀赋类似，经济基础薄弱，在跨界合作方面主要以"皖南—浙西—浙南山区"范围进行长三角绿色生态屏障建设。④ L—H型（低—高型），即某省界毗邻区县加权度低而周边省界毗邻区县加权度高且空间差异大的区域，仅苏州市吴中区属于此类型。总的来说，长三角省界毗邻区县的跨界能力呈现较为规律的空间分化现象，空间极化态势明显，同时存在的东西差异和南北差异成为省界毗邻区县间不均衡地突破边界屏障效应的主要现象。

由于本章界定并遴选的有效网络联系均为跨省联系，故省界毗邻区县的加权度中心性越高则表明该省界毗邻区县打破边界的能力越强。若隶属两个省的毗邻区县均具有高加权度，则表明"边界效应"呈现出"桥梁效应"，反之若隶属两个省的毗邻区县均具有低加权度，则"边界效应"呈现出"切变效应"。可以判断，皖南浙西边界呈现出显著的"切变效应"而沪苏边界呈现出显著的"桥梁效应"，沪甬边界由于跨海毗邻的特殊性并未呈现显著效果。依据"边界效应"类型，进一步归纳长三角省界毗邻政区跨界合作类型，将沪苏毗邻区县归纳为连片强强协作类型，皖南浙西毗邻区县为连片弱弱联合类型，皖北苏北毗邻区县（泗县—泗洪县）为局部的弱弱联合类型。

7.5 省界毗邻政区突破边界的路径分析

7.5.1 模型建立与条件选择

基于问题导向法[46]和文献归纳法[45]，建立构念框架并进行组态化扩展（图7-3），探究达成长三角省界毗邻区县高（低）加权度中心性的前因条件组合和路径。界定并遴选的有效网络联系为省界毗邻区县对其接壤邻省区域的联系，故省界毗邻区县的加权度中心性越高则表明该省界毗邻区县的突破边界能力越强，由此以加权度中心性为结果变量来表征跨界能力。

在区域一体化中，省界毗邻政区面临的发展问题与中国行政区划体系及其空间治理逻辑密切相关，囿于科层制窠臼、府际信息不对称和权能不足导致面对跨界复杂事务时政区间沟通、谈判和协商的成本较高，从而阻碍了跨省联系与合作[12]。在长三角城际合作机制改革中，区域内各级政府的纵向权力让渡是关键突破口之一，跨界合作与治理也力求打破传统垂直层级的桎梏。同时，扩权改革措施使得改革地区具备更宽松的经济事务

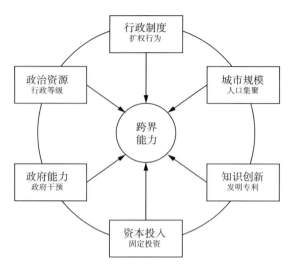

图 7-3　长三角省界毗邻区县联动赋能理论框架

决策空间,由于宏观政策影响着微观主体决策,企业跨省设立分支机构能够面临更宽容的环境[47],同时该地区获得吸引经济活动转移的竞争优势。

从理论视角来看,古典理论家也认为权力去中心化使决策者拥有自由裁量权,能够根据当地需求和偏好调整公共服务与支出分配,从而创造效率的提升[48]。但要实现扩权的理论效益仍然存在困难,梳理扩权行为相关研究发现,行政扩权具有一些正面影响,它使得地方政府能够确定适当的服务提供水平从而达成最佳偏好[49],还能够通过促进固定资产投资增加来促进(规模)企业数量的增加[50],从而能够为培育有跨界能力的微观企业提供规模效应,但在针对巴西的研究中,学者又发现某些部门的投资权力下放至地方造成各州间的行政、法律和财政异质性,被证明是潜在的州际贸易壁垒[51]。扩权作用还可能与规模经济、城市对人才的吸引力等方面相抵消,或地方政府缺乏管理公共财政的能力导致责任错位[52]。而扩权行为对不同类别的县域经济绩效具有异质性影响[53],对于不同经济发展水平的区域政策效果也具有差异。由此,据现有研究结论,扩权行为的影响是积极的还是消极的尚未达成一致。这可能是由于扩权行为依赖多因素综合作用,需要一定的作用场景才能产生特殊影响。因此,本章将扩权这一关键研究因子纳入分析模型。

扩权在国内语境下主要有两种形式:一是通过扩权强县、强镇扩权等政策从地级市政府向下一级试点县政府下放经济社会管理权,具体包括规划、经贸、国土资源、交通、建设等方面的行政审批权和执法权;二是实施省直管县财政体制扩权改革[54]。因此,本章梳理了安徽省、江苏省和浙江省多批次开展的扩权强县或强县扩权政策。鉴于扩权政策均是针对试点区县赋予部分类似的经济社会管理权限,本章将扩权行为具体解释为长三角省界毗邻区县是否在扩权强县等政策浪潮中被纳入试点县范围②。

在贡献高加权度中心性的影响因素研究中[55-57],由于城市级别决定地方政府行政过程的自主程度,往往考虑政治资源中行政级别的作用,采用城市行政级别虚拟变量来计量[58]。本章采用是否为市辖区作为行政级别的具体解释变量。在相关研究的荟萃分析中,前三名被高频率使用的控制变量有投资、人口和政府规模[59]。其中,投资对应的解释变量为人均资产投资或投资增长率等,人口对应的解释变量有劳动力占比、人口增长率和人口密度等,政府规模对应的解释变量为人均财政预算支出或一般预算支出占国内生产总值(GDP)的比重等。资本投入会对生产要素流动产生影响,本章考虑资本投入水平条件[4],并使用人均固定资产投资来表征资本投入[23,59]。城市规模意味着市场规模,企业的逐利性使其趋向更具备潜力的市场[60],研究中常以人口集聚来表示城市规模和市场潜力指数[61],本章以人口密度指代城市人口集聚[62]。有研究指出,以政府规模衡量的政府经济干预对资源配置效率产生了消极影响[63],同时,政府干预能力对城市投资网络节点的入度有显著的正向影响,而对出度的影响不显著[62],因此可认为地方政府规模对毗邻区县的跨界能力有一定影响但影响效果不明确[54,59]。本章通过一般公共预算支出占国内生产总值(GDP)的比重反映政府对经济发展的干预程度[62]。此外,知识资本和创新能力是城市内在禀赋的重要指标[56],也是城市跨界合作的重要方面[64]。本章采用专利授权量来表示城市创新能力。

参考相关研究并考量数据可得性,本章最终选取行政制度、政治资源、政府能力、资本投入、城市规模和知识创新六个构念。同时考虑到方法特性,理论上选择 k 个前因条件会产生 2^k 个组态,若理论组态数量远大于案例数量会造成有限多样性问题[65],权衡案例数量后设置前因条件数量为六个,分别为扩权行为条件、行政等级条件、政府干预条件、固定投资条件、人口集聚条件和发明专利条件,对应前因条件的变量解释如表 7-2 所示。

表 7-2 前因条件与解释变量

构念	前因条件及结果	表示	解释
跨界能力	加权度中心性	DEG	长三角省界毗邻区县的加权度
行政制度	扩权行为	DEC	是否在扩权强县等政策浪潮中被纳入试点县范围
政治资源	行政等级	HET	是否为市辖区,市辖区赋值1,县及县级市赋值0
政府能力	政府干预	GOV	一般公共预算支出占国内生产总值(GDP)的比重
资本投入	固定投资	INV	人均固定资产投资(万元)
城市规模	人口集聚	DEN	人口密度(人/km^2)
知识创新	发明专利	PAT	专利授权量(件)

7.5.2 反向案例分析

在统计产品与服务解决方案软件 SPSS 23.0 中采用交叉列联表观察知识创新和跨界能力的正向、反向及不存在关系(表 7-3)。结果发现,在知识创新和跨界能力的关系中出现了反事实案例,较低知识创新水平会导致较强跨界能力(3 例),较高和高知识创新水平会导致较弱和弱跨界能力(6 例)。因此,为将分离于主效应的案例纳入路径结果,使用模糊集定性比较分析(fsQCA)方法对强跨界能力的复杂因果关系做进一步分析。

表 7-3 知识创新与跨界能力的反向案例分析

知识创新 Cramer's $V = 0.392$, $p < 0.01$		跨界能力					总计
		弱	较弱	一般	较强	强	
低	案例数/例	4	6	4	0	0	14
	百分比/%	5.7	8.6	5.7	0.0	0.0	20.0
较低	案例数/例	4	2	5	3	0	14
	百分比/%	5.7	2.9	7.1	4.3	0.0	20.0
一般	案例数/例	2	4	2	4	2	14
	百分比/%	2.9	5.7	2.9	5.7	2.9	20.0
较高	案例数/例	2	3	3	4	2	14
	百分比/%	2.9	4.3	4.3	5.7	2.9	20.0
高	案例数/例	0	1	0	3	10	14
	百分比/%	0.0	1.4	0.0	4.3	14.3	20.0
总计	案例数/例	12	16	14	14	14	70
	百分比/%	17.1	22.9	20.0	20.0	20.0	100.0

注:Cramer's V 系数适用于判断两列离散无序型数据(两个类别/多个类别)之间的相关性,其范围区间为[0,1]。当 Cramer's V 系数小于 0.3 时,相关性较弱;当 Cramer's V 系数大于 0.6 时,相关较强。$p<0.01$ 表示在 1% 水平上显著。

7.5.3 模糊集定性比较分析

1) 数据校准

在进行必要性分析和充分性分析前,对连续变量的前因条件及结果变量进行校准,即要对案例赋予集合隶属分数(表 7-4)。采用直接校准法,使用样本描述性统计数值作为校准锚点[66],设定上四分位数为完全隶属阈值,中位数为交叉点,下四分位数为完全不隶属阈值。需要说明的是,校准时为避免模糊集隶属分数为 0.5 的案例被排除分析对其进行处理,即在 0.5 的基础上加上 0.01[67]。涉及连续变量有加权度中心性、政府干预、固定投资、人口集聚和发明专利,涉及类别变量采取选项中的最大值赋完全隶属值1,最小值赋完全不隶属值0进行校准。

表7-4 前因条件及结果变量的校准

类别	前因条件及结果	完全隶属	交叉点	完全不隶属
结果变量	加权度中心性	326.20	22.00	1.00
前因条件	扩权行为	1.00	—	0.00
	行政等级	1.00	—	0.00
	政府干预	0.30	0.14	0.06
	固定投资	11.58	4.61	1.95
	人口集聚	2 276.87	617.78	151.77
	发明专利	9 904.05	1 277.50	98.65

注:表格中的数字保留两位小数。

2) 必要条件分析

使用利用模糊集定性比较分析软件fsQCA 4.0对城市案例检验结果集合(高加权度中心性或低加权度中心性)是否为某一前因条件集合的子集进行判断,得到单个条件的必要性分析结果(表7-5),判定必要条件的依据为一致性水平在0.9以上[68],而本章中涉及前因条件的一致性均小于0.9,因此不存在任一前因条件是贡献高加权度中心性和低加权度中心性的必要因素,从而验证研究模型的复杂因果性,需要组合多个前因条件探究实现高加权度中心性的充分条件。

表7-5 高(低)加权度中心性前因条件的必要性分析

前因条件	高加权度中心性(DEG)		低加权度中心性(～DEG)	
	一致性(consistency)	覆盖率(coverage)	一致性(consistency)	覆盖率(coverage)
DEC	0.583 114	0.480 756	0.588 143	0.519 244
～DEC	0.416 886	0.485 931	0.412 857	0.514 069
HET	0.658 255	0.717 774	0.241 705	0.282 226
～HET	0.341 745	0.296 205	0.758 295	0.703 795
GOV	0.445 256	0.429 366	0.641 269	0.662 178
～GOV	0.649 676	0.628 427	0.447 385	0.463 401
INV	0.589 356	0.544 168	0.539 491	0.533 406
～INV	0.494 660	0.500 779	0.538 967	0.584 277
DEN	0.802 651	0.762 778	0.346 935	0.353 050
～DEN	0.319 232	0.313 419	0.766 887	0.806 245
PAT	0.745 526	0.735 130	0.344 504	0.363 758
～PAT	0.354 761	0.335 732	0.749 151	0.759 176

注:"～"表示逻辑运算结果为非。

3) 组态分析

鉴于城市案例的异质性和样本量的中小规模特质,将案例频数阈值设置为1,同时参考选择频数后应该至少保留75%案例的基本经验,保证接近80%的案例覆盖率。将原始一致性阈值设置为0.8[65],不一致性的比例减少(Proportional Reduction in Inconsistency,PRI),将一致性阈值设定为0.75[69]。在反事实分析时,由于目前直接研究扩权行为、政府干预、固定投资等前因条件与高(低)加权度中心性关系的文献较为缺乏,为避免不恰当假设影响结论的科学性,本章假设前因条件出现与否均可贡献高加权度。比较中间解与简约解后,识别核心条件与边缘条件,按照费斯(Fiss)的结果呈现形式,将长三角省界毗邻政区高加权度中心性和低加权度中心性的前因条件组态进行呈现[70],分别生成三组高加权度中心性条件组态(H_{1a}、H_{1b}、H_2)和四组低加权度中心性条件组态(L_1、L_2、L_3、L_4)(表7-6)。

表7-6 长三角省界毗邻政区高(低)加权度中心性的前因条件组态

类别	高加权度中心性			低加权度中心性			
	H_{1a}	H_{1b}	H_2	L_1	L_2	L_3	L_4
DEC		•	⊗	⊗		⊗	●
HET	●	●	●	⊗	⊗		●
GOV	⊗		⊗	•	•	●	
INV			⊗	⊗	⊗	⊗	●
DEN	●	●			⊗	⊗	⊗
PAT	●	●	●	⊗	⊗		●
原始覆盖度	0.34	0.26	0.09	0.19	0.27	0.12	0.06
唯一覆盖度	0.14	0.15	0.01	0.08	0.17	0.02	0.06
一致性	0.93	0.98	0.96	0.93	0.92	0.95	0.96
总体覆盖度		0.50			0.43		
总体一致性		0.95			0.93		

注:"●"和"•"表示该前因条件存在;"⊗"和"⊗"表示该前因条件缺失。其中,"●"和"⊗"为核心条件;"•"和"⊗"为辅助条件。空白表示该条件可以存在或者缺失,对组态结果无影响。

一般来说,总体覆盖度应大于0.3,研究结果中对应高值结果变量的组态总体覆盖度为0.50,总体一致性为0.95;对应低值结果变量的组态总体覆盖度为0.43,总体一致性为0.93。这表明结果中的前因条件组态能解释对应高加权度中心性50%的案例和对应低加权度43%的案例,对充分性均具有较高的解释力度。将具有相同核心条件的前因条件组态进行模式归类,有效识别了跨界能力提升或降低的几条等效路径,包括实现高加权度中心性的"规模—创新—市场型""规模—创新—扩权型""创新主导型"三条赋能路径和实现低加权度中心性的"资本—创新不足型""基础薄弱型""政府干预型""规模不足型"四条问题路径,其中"规模—创新—市场型"最为常见。

"规模—创新—市场型"的 H_{1a} 组态表明（HET * ~GOV * DEN * PAT）[③],在人口集聚相当多的省界毗邻市辖区,减少政府干预并提高知识创新水平有益于实现高加权度中心性,其中,提高知识创新水平、提高人口集聚和提高行政等级为核心条件在组态中发挥重要作用,其他条件起辅助作用,扩权行为和资本投入是否存在无关紧要。此组态能够解释 34% 的高加权度中心性案例,其中约 14% 的案例仅能被此组态解释,覆盖的案例为江宁区、浦口区、吴兴区、秀洲区、北仑区、镇海区、海门区等。

"规模—创新—扩权型"的 H_{1b} 组态表明（DEC * HET * DEN * PAT）,在人口集聚相当多的省界毗邻市辖区,提高以发明专利引领的知识创新水平并辅以扩权行为是实现高加权度中心性的重要手段。与 H_{1a} 组态一致,该组态中提高知识创新水平、提高人口集聚和提高行政等级为核心条件,实施扩权行为起辅助作用。此组态能够解释 26% 的高加权度中心性案例,其中约 15% 的案例仅能被此组态解释,覆盖的案例为嘉定区、宝山区、青浦区、奉贤区、金山区、浦东新区等。

"创新主导型"的 H_2 组态表明（~DEC * HET * ~GOV * ~INV * PAT）,在省界毗邻市辖区,高加权度中心性依赖专利授权数量增多带来的高水平知识创新、不存在扩权行为、弱程度政府干预和低水平资本投入,其中,不存在扩权行为、高水平知识创新和提高行政等级起着核心作用,其他为辅助条件。此组态能够解释 9% 的特殊高加权度中心性案例,其中约 1% 的特殊案例仅能被此组态解释,覆盖的案例为吴中区、六合区、宿城区等。

"资本—创新不足型"的 L_1 组态表明（~DEC * GOV * ~INV * ~PAT）,在资本投入水平低和知识创新水平低的省界毗邻区县,不存在扩权行为和强政府干预会引致低加权度中心性,其中,不存在扩权行为、低水平资本投入和低水平知识创新扮演着重要角色,其他为辅助条件。此组态能够解释 19% 的低加权度中心性案例,其中约 8% 的案例仅能被此组态解释,覆盖的案例为嵊泗县、宣州区、埇桥区等。

"基础薄弱型"的 L_2 组态表明（~HET * GOV * ~INV * ~DEN * ~PAT）,在投资水平低且人口集聚少的省界毗邻县市,低加权度中心性以较强政府干预和低水平知识创新作为条件,其中,此组态的低投资水平、低行政等级和低人口密度起核心作用,其他为辅助条件,而是否扩权无关紧要。此组态能够解释 27% 的低加权度中心性案例,其中约 17% 的案例仅能被此组态解释,覆盖的案例为全椒县、歙县、五河县、泗洪县、睢宁县等。

"政府干预型"的 L_3 组态表明（~DEC * ~HET * GOV * ~INV * ~DEN）,在人口集聚少且投资落后的省界毗邻县市,低加权度中心性以不存在扩权行为和强政府干预作为条件,该组态的不存在扩权行为、强政府干预和低水平资本投入起核心作用。此组态能够解释12%的低加权度中心性案例,其中约2%的特殊案例仅能被此组态解释,覆盖的案例为安吉县等。

"规模不足型"的 L_4 组态表明(DEC∗HET∗INV∗∼DEN∗PAT),在具有高水平资本投入、高水平知识创新的扩权省界毗邻市辖区,人口密度低会导致低加权度中心性,其中高水平资本投入、高水平知识创新、高行政等级和低人口密度起着核心作用,政府干预是否存在为无关条件。约6%的低加权度中心性案例能且仅能被此组态解释,覆盖的案例为溧水区和临安区。

在三组导向高加权度中心性的赋能路径中,知识创新水平作为城市发展的先导因素,和高行政等级共同起到绝对的关键作用。随着国家创新驱动发展战略的提出,知识创新资源成为重要的战略资源,城市作为知识创新资源密集和知识转移交流的中心[71],以发明专利引领的知识和技术流动在很大程度上会引导并促进城际合作的发生,由此,知识创新水平高的城市作为吸纳和扩散的焦点则具备了较强的跨界能力。行政等级高表明城市更接近政治资源丰富的权力中心,对企业总部和分支机构的布局都具有强大的集聚能力。

此外,同属"规模—创新型"的类似条件组合 H_{1a} 和 H_{1b} 间存在等价效应。研究发现在人口集聚相当多和知识创新水平高的省界毗邻市辖区,减少政府干预和存在扩权行为具有可替代性。这表明在城市规模和等级配置较好的基础条件上,既能以更宽松的市场作用空间给创新资源提供自由流动的环境,也能通过给政府扩权来优化资源分配,从而加强要素流动的合理性和支撑性。在三种高加权度中心性组态中,扩权行为仅有在相当多的人口集聚、高水平知识创新和高行政等级三个核心条件组合的场景下能发挥其正向作用。

比较对应高加权度中心性和低加权度中心性的组态,发现除了人口集聚为不相关条件的组态之外,人口集聚多少和加权度中心性高低均具有对应关系,这说明人口集聚所表示的市场潜力是企业跨界联系的重要关注点,正如新经济地理学早期研究成果所述,在"流空间"背景下市场潜力仍然发挥巨大作用[4],尤其在 L_4 组态中,即使存在高水平知识创新、高水平资本投入和高行政等级的其他核心条件,核心条件人口集聚的缺失仍然成为低加权度中心性的关键缺口。而政府干预恰恰相反,存在政府干预条件的组态均引致低加权度中心性的出现,说明市场机制的自由环境更有利于激发要素的跨界流动。

尽管资本投入水平高的省界毗邻区县也可能具备低加权度中心性,但获得低加权度中心性的更多的是那些资本投入水平低的城市,例如,资本投入作为核心条件的缺失贡献了 L_1、L_2、L_3 组态的低加权度中心性结果。这表征资本投入水平的固定资产投资在国民经济发展中举足轻重,能够拉动生产能力,从而提高经济发展水平。在传导路径上,低水平资产投入能够直接抑制工业、建筑业等行业的增长,并间接影响生产资料市场和消费品市场的发展,从而使得省界毗邻区县不具备吸引企业总部和分支机构的能力。

4) 稳健性检验

为提高组态结果的可靠性,进行稳健性检验。常用方法包括变动一致性门槛值、改动频数等。采用提升一致性门槛值的稳健性检验方法,将一致性阈值(0.8)调为 0.85,对样本数据重新处理,组态结果与前表 7-6 结果基本一致,验证了研究结果的稳定性。

7.5.4 案例回溯与组合路径

在组态分析中,识别省界毗邻政区跨界能力提升的三条等效赋能路径,分别为"规模—创新—市场型"(H_{1a})和"规模—创新—扩权型"(H_{1b})和"创新主导型"(H_2),理论上可构成六种高跨界能力毗邻区县组合,即可以归纳六种突破边界的组合路径。基于组态分析结论,结合高加权度中心性结果,进一步对典型对应案例回溯,总结出五种突破边界的组合路径①(图7-4、图 7-5)。

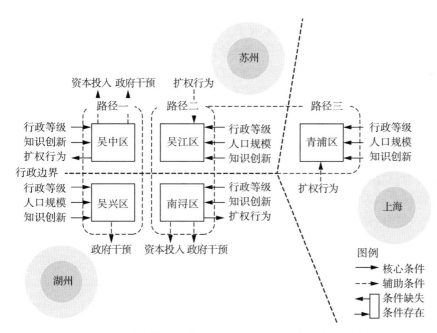

图 7-4 突破边界的组合路径(一、二、三)与典型案例示意图

组合路径一是"规模—创新—市场型"(H_{1a})城市与"创新主导型"(H_2)城市的组合,对应案例为湖州市吴兴区与苏州市吴中区;组合路径二是"规模—创新—扩权型"(H_{1b})城市和"创新主导型"(H_2)城市的组合,对应案例为苏州市吴江区和湖州市南浔区;组合路径三是双"规模—创新—

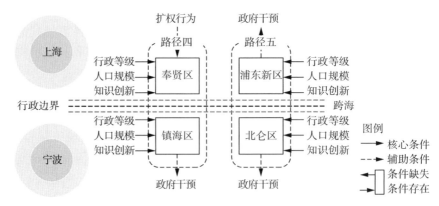

图 7-5 突破边界的组合路径(四、五)与典型案例示意图

扩权型"(H_{1b})城市的组合,对应案例为苏州市吴江区和上海市青浦区;组合路径四是"规模—创新—市场型"(H_{1a})城市和"规模—创新—扩权型"(H_{1b})城市的组合,对应案例为宁波市镇海区和上海市奉贤区;组合路径五是双"规模—创新—市场型"(H_{1a})城市的组合,对应案例为宁波市北仑区和上海市浦东新区。在组合路径三中,吴江区和青浦区依托长三角一体化示范区建设的政策优势,分别打造吴江高铁科创新城和西岑科创中心,增强城市创新能力。组合路径四和五主要依赖人口高度集聚、城市创新能力和低政府干预营造的自由流动环境来突破自然与行政的双重边界。

根据合作共建铜山—埇桥(萧县)省际毗邻政区新型功能区框架协议的现实依托,"铜山区(H_{1a})—埇桥区(L_1)"的组合有潜力向组合路径一发展,重点扩大资本投入和提高知识创新水平,大力扶持总部经济和创新载体发展的同时,促进人口集聚和城市规模扩大,建立充足的腹地市场,从而有利于吸引企业集聚和跨界合作。此外,"浦口区(H_{1a})—全椒县(L_2)""六合区(H_{1a}/H_2)—天长市(L_2)""歙县(L_2)—临安区(L_4)"也具有一定的发展潜力,利用行政等级优势,重点实现人口导入和创新发展,在发展基础条件较好的同时,通过扩权下放社会经济管理事项,形成省际联动、沟通顺畅的合作推进机制。

7.6 赋能路径与组合路径助力省界毗邻政区联动

7.6.1 研究结论

本章试图审视区域一体化视角下省界毗邻政区的发展困境并期望寻找到突破边界的政策组合。首先,本章基于长三角省界毗邻政区的企业总部—分支机构联系构建了局部有向加权城市网络,采用社会网络分析(SNA)方法测度省界毗邻政区的网络格局、"边界效应"特征和节点网络地位,通过探索性空间数据分析(ESDA)测度局部空间特征分异,并且类型化省界毗邻政区的跨界合作类型。其次,鉴于省界毗邻政区跨界能力受多项条件的协同影响,本章利用模糊集定性比较分析(fsQCA)探究前因条件与跨省界能力间的复杂因果关系,归纳出长三角省界毗邻区县突破边界的可能组合路径和政策建议。

(1) 长三角省界毗邻政区跨界联系网络呈现出多组团发展的空间格局,在"沪苏浙三省毗邻区""苏浙皖三省毗邻区""皖南浙西毗邻区""皖北苏北毗邻区""皖江南京毗邻区"五大片区中,存在高强度的"沪苏浙三省毗邻区"、较低强度的"皖江南京毗邻区""皖北苏北毗邻区"以及低强度的"苏浙皖三省毗邻区""皖南浙西毗邻区"三种毗邻地区类型。有向强联系仅集聚在以上海市为核心的"沪苏浙三省毗邻区",且均由上海市省界毗邻政区向外单点发散,呈现出显著的网络等级特征,"切变效应"对上海省界毗邻政区的作用较小。而"皖南浙西毗邻区"是网络相对封闭、孤立和边缘的组分。兼具较高威望和控制力的多数是长三角核心城市的市辖区与经济百强县,其中上海市省界毗邻区县的扩张能力与辐射影响力均较强。

(2) 根据加权出度与入度中心性衡量网络地位,具有较高网络地位的毗邻区县均为长三角核心城市的市辖区与经济百强县,兼具较高威望和控制力的省界毗邻区县有上海市宝山区、嘉定区,苏州市吴江区、昆山市、太仓市和宁波市北仑区。

根据网络联系的方向性,判断毗邻区县作为企业总部所在地的出度与分支机构所在地的入度是否平衡。研究发现,弱总部型城市主要聚集在上海市和江苏的南京市、徐州市,而弱分支型城市分布在浙江的嘉兴市、宁波市和安徽的马鞍山市、宿州市。

根据修正的相对度中心性衡量网络联系的广度,呈现扁平化的局部网络特征,广泛的联系呈多点且多向突破边界。与南京市毗邻的马鞍山市雨山区、花山区相对度中心性较突出,但受到区位边缘性和都市圈阴影区影响,位于长三角北端的徐州市丰县,西端的黄山市休宁县、衢州市开化县、杭州市淳安县等相对度中心性最低。

皖南浙西边界呈现出"切变效应",而沪苏边界呈现出"桥梁效应",因此,可将沪苏毗邻区县划定为连片强强协作类型,皖南浙西毗邻区县为连片弱弱联合类型,皖北苏北毗邻区县(泗县—泗洪县)为局部弱弱联合类型。

(3) 长三角省界毗邻区县跨界能力提升存在"规模—创新—市场型""规模—创新—扩权型""创新主导型"三条等效赋能路径。知识创新水平与高行政等级起着关键作用。具体来说,高水平知识创新城市作为吸纳和扩散技术资源的焦点具备较强的跨界能力,行政等级高表明城市更接近政治资源丰富的权力中心,对企业总部和分支机构的布局都具有强大引力。同时,城市规模及市场潜力是城市提高跨界能力的重要关注点。在城市规模较大、城市等级配置较高的优良基础条件上,既能够以更宽松的市场作用空间激发创新要素的自由流动,也能够通过给政府扩权赋能来优化要素分配。

而低跨界能力存在"资本—创新不足型""基础落后型""政府干预型""规模不足型"四种问题路径。其中资本投入作为核心条件的缺失贡献了三种问题路径的低值结果,说明表征资本投入水平的固定资产投资是避免低跨界能力的首要关注。最终,结合案例回溯总结出五种可借鉴的组合路径。

本章的主要创新点在于:其一,关注企业总部—分支机构联系的经济视角下省界毗邻政区的局部联系格局与特征,丰富了省界毗邻政区的研究视角;其二,发掘模糊集定性比较分析(fsQCA)与省界毗邻政区城市网络方法的衔接应用,通过模糊集定性比较分析(fsQCA)的路径结果精准识别省界毗邻区县具有差异化网络地位的原因,并进一步探究其在突破省际边界的组合路径中的应用,直观推导出可借鉴的路径与政策组合。

7.6.2 政策启示

(1) 面对区域一体化发展瓶颈,积极以都市圈"补丁"来衔接省界毗邻政区的联动发展。"沪苏浙三省毗邻区""皖江南京毗邻区""皖北苏北毗邻区"三个片区中的省界毗邻政区间的跨界互动更强,而其范围分别与上海大都市圈、南京都市圈和徐州都市圈高度重合,因此,都市圈"补丁"形式的局部组团有利于良性跨界互动的形成。在都市圈的中尺度上形成区域协同能够作为省界毗邻区县跨界互动和长三角一体化间的跳板,使小尺度区县和大尺度区域的共同发展目标衔接紧密。

(2) 注重省界毗邻区县行政等级、知识创新、人口集聚的正向协同效应。行政等级高的省界毗邻区县则应该利用城市所具备的政治资源,积极开展跨界对话。知识创新水平作为城市发展的先导因素具有绝对优先发展级,应当积极发展创新型经济和总部型经济;同时,以人口集聚所表达的城市规模及市场潜力仍然是城市提高跨界能力必须关注的要点,省界毗邻政区应当重视人口集聚的增长和人口流失问题;因此,结合人口集聚和知识创新水平的正向协同效应,政策可以精准定位到创新型人才,省界毗邻政区通过相关创新政策和保障制度向创新型人才提供优厚待遇,有利于同时提高地区创新水平和增多人口集聚。

(3) 城市规模和行政等级配置较好的省界毗邻政区,可以通过降低政府干预程度,以更宽松的市场作用空间激发创新资源的自由流动,也可以通过各级政府的纵向权力让渡、给省界毗邻地区的区县级政府扩权来优化资源分配,例如,通过扩权强县、强镇扩权等政策从地级市政府向下一级试点县政府下放规划、经贸、国土资源、交通、建设等方面的经济社会管理权。但需要谨慎通过扩权行为给省界毗邻区县赋能,只有在满足相当优质的基础条件后,将扩权行为作为向跨界对话锦上添花的政策手段来实施,才能产生正向辅助作用。

（4）对当前低跨界能力的省界毗邻区县而言，首先，应根据整体论观点透视自身具备的跨界发展潜力，重视资本投入、城市规模、知识创新水平、扩权行为和政府干预等多因素间的组合发力和互动发展；其次，表征资本投入水平的固定资产投资是低跨界能力的省界毗邻政区的重要关注点之一；再者，可从与自身基础条件相似的对标案例中寻找经验；最后，可以通过积极与区域中心城市互动，吸纳邻省的省界毗邻政区的辐射作用，形成以比较优势为基础的差异化发展模式，共同构筑区域整体竞争优势。

（执笔人：何丹、杨希）

第7章注释

① 为方便研究，上海市不做特殊处理，其市辖区与其他区县为同级别研究单元。
② 上海市由于管理层级更为精简，直辖市级别的权力直接下放至市辖区，事实上已经通过财政层级减少来打破部分市管县体制的管理弊端，因此被纳入扩权区县范围。
③ 在布尔代数中，"＊"代表"和"（and）。参见杜运周，贾良定.组态视角与定性比较分析（QCA）：管理学研究的一条新道路[J].管理世界，2017(6)：155-167。
④ "$H_2—H_2$"组合在回溯现实案例时无案例组合对应，这表明在长三角省界毗邻政区不存在双"创新主导型"的组合路径。

第7章参考文献

[1] 朱传耿,仇方道,孟召宜,等.省际边界区域协调发展研究[M].北京：科学出版社,2012.
[2] 陈小卉,闾海,胡剑双,等.跨界治理：理论·规划·机制[M].北京：中国建筑工业出版社,2022.
[3] 朱惠斌.联合跨界合作演进特征及驱动机制研究[J].人文地理,2014,29(2)：90-95.
[4] 曾冰.基于NPP/VIIRS夜间灯光数据的湘鄂赣省际交界区县域经济空间格局及影响因素[J].地理科学,2020,40(6)：900-907.
[5] 熊竞.长三角一体化：省界毗邻基层政区治理的发展路径[J].上海城市管理,2019,28(5)：45-50.
[6] 车冰清,朱传耿,杜艳,等.苏鲁豫皖边界区经济合作模式研究[J].城市发展研究,2010,17(6)：86-91,96.
[7] CAPELLO R, CARAGLIU A, FRATESI U. Compensation modes of border effects in cross-border regions[J]. Journal of regional science, 2018, 58(4)：759-785.
[8] ROPRET M, ARISTOVNIK A, RAVŠELJ D. The perception of administrative barriers and their implications for SMEs' performance：evidence from Slovenia[J]. Zagreb international review of economics and business, 2018, 21(s1)：55-68.
[9] WASSERMAN S, FAUST K. Social network analysis：methods and applications

[M]. Cambridge: Cambridge University Press, 1994.

[10] 安树伟,张素娥."行政区经济"和"行政区边缘经济"[J]. 生产力研究,2004(7): 24-26.

[11] 冷志明. 中国省际毗邻地区经济合作与协同发展的运行机制研究[J]. 经济与管理研究,2005,26(7):62-65.

[12] 刘祺. 理解跨界治理:概念缘起、内容解析及理论谱系[J]. 科学社会主义,2017(4):95-100.

[13] 方遥,徐帆,秦萧,等. 省际毗邻区协同发展分析与规划应对:以宁滁毗邻核心区为例[J]. 自然资源学报,2022,37(6):1609-1625.

[14] 王兆峰,徐赛,邓楚雄. 基于交通网络视角的跨界旅游区合作的微观机制研究:以武陵山区为例[J]. 地理研究,2018,37(2):250-262.

[15] 任以胜,陆林,虞虎. 新安江流域行政区经济非均衡性的行政边界效应[J]. 经济地理,2020,40(9):46-52.

[16] 刘君德,靳润成,周克瑜. 中国政区地理[M]. 北京:科学出版社,1999.

[17] 安树伟. 行政区边缘经济论[M]. 北京:中国经济出版社,2004.

[18] 仇方道,佟连军,朱传耿,等. 省际边缘区经济发展差异时空格局及驱动机制:以淮海经济区为例[J]. 地理研究,2009,28(2):451-463.

[19] 李郇,徐现祥. 中国撤县(市)设区对城市经济增长的影响分析[J]. 地理学报,2015,70(8):1202-1214.

[20] 顾朝林. 南京城市行政区重构与城市管治研究[J]. 城市规划,2002,26(9):51-56,60.

[21] 朱惠斌. 逆全球化背景下边界城市边界效应系统研究[J]. 全球城市研究(中英文),2022,3(3):7-19,189.

[22] 韩明珑,何丹,高鹏. 长江经济带城际生产性服务业网络联系的边界效应及多维机制[J]. 经济地理,2021,41(3):126-135.

[23] ZHANG X B,LI C S,LI W,et al. Do administrative boundaries matter for uneven economic development? A case study of China's provincial border counties[J]. Growth and change,2017,48(4):883-908.

[24] 焦世泰,王鹏,陈景信. 滇黔桂省际边界民族地区土地资源可持续利用[J]. 经济地理,2019,39(1):172-181.

[25] 肖海平,谷人旭,黄静波. 湘粤赣"红三角"省际边界区旅游资源联动开发共生模式研究[J]. 世界地理研究,2010,19(3):121-127.

[26] 陈永林,谢炳庚,杨贤房,等. 多引力作用下的省际边界县域经济空间格局及发展思路:以赣粤闽客家聚居区为例[J]. 经济地理,2018,38(1):46-51,141.

[27] 程金龙. 中原经济区省际边界区域经济格局时空演化[J]. 经济地理,2018,38(3):30-36.

[28] 王雪微,赵梓渝,曹卫东,等. 长三角城市群网络特征与省际边界效应:基于人口流动视角[J]. 地理研究,2021,40(6):1621-1636.

[29] 奉海春,谢煜. 跨省工业区:省际毗邻区政府经济合作的创新:以"粤桂合作特别试验区"的实践为例[J]. 现代商业,2022(14):37-40.

[30] 刘海龙,张丽萍,王炜桥,等. 中国省际边界区县域城镇化空间格局及影响因素

[J]. 地理学报,2023,78(6):1408-1426.

[31] 王振波,朱传耿,徐建刚. 省际边界区域边界效应的测定:以淮海经济区为例[J]. 经济地理,2008,28(5):765-770.

[32] 仇方道,朱传耿,佟连军,等. 淮海经济区县域经济差异变动的空间分析[J]. 地理科学,2009,29(1):56-63.

[33] 刘玉亭,张结魁. 省际毗邻地区开发模式探讨[J]. 地理学与国土研究,1999,15(4):45-49.

[34] MCCALLUM J. National borders matter:Canada-US regional trade patterns[J]. The American economic review,1995,85(3):615-623.

[35] 焦世泰,王鹏,戴其文,等. 滇黔桂省际边界区域城镇经济联系的网络结构特征与演化分析[J]. 人文地理,2018,33(6):77-86.

[36] 彭红松,陆林,路幸福,等. 基于社会网络方法的跨界旅游客流网络结构研究:以泸沽湖为例[J]. 地理科学,2014,34(9):1041-1050.

[37] 朱翔,徐美. 湖南省省际边界中心城市的选择与培育[J]. 经济地理,2011,31(11):1761-1767.

[38] 程遥,张艺帅,赵民. 长三角城市群的空间组织特征与规划取向探讨:基于企业联系的实证研究[J]. 城市规划学刊,2016(4):22-29.

[39] ALDERSON A S,BECKFIELD J. Power and position in the world city system [J]. American journal of sociology,2004,109(4):811-851.

[40] FREEMAN L C. Centrality in social networks:conceptual clarification[M]//SCOTT J. Social networks:critical concepts in sociology[J]. London:Routledge, 2002:238-263.

[41] LIMTANAKOOL N,DIJST M,SCHWANEN T. A theoretical framework and methodology for characterising national urban systems on the basis of flows of people:empirical evidence for France and Germany[J]. Urban studies,2007, 44(11):2123-2145.

[42] 郑伯红,钟延芬. 基于复杂网络的长江中游城市群人口迁徙网络空间结构[J]. 经济地理,2020,40(5):118-128.

[43] ANSELIN L. Local indicators of spatial association—LISA[J]. Geographical analysis,1995,27(2):93-115.

[44] VIS B. The comparative advantages of fsQCA and regression analysis for moderately large-N analyses[J]. Sociological methods & research,2012,41(1):168-198.

[45] 张明,杜运周. 组织与管理研究中QCA方法的应用:定位、策略和方向[J]. 管理学报,2019,16(9):1312-1323.

[46] DWIVEDI P,JOSHI A,MISANGYI V F. Gender-inclusive gatekeeping:how (mostly male) predecessors influence the success of female CEOs[J]. Academy of management journal,2018,61(2):379-404.

[47] 于松浩,卫志民,王懋轩. 分权改革是否促进了县域经济增长:一项荟萃分析[J]. 公共管理评论,2023,5(1):118-140.

[48] TIEBOUT C M. A pure theory of local expenditures[J]. The journal of political

economy,1956,64(5):416-424.

[49] DICK-SAGOE C. Decentralization for improving the provision of public services in developing countries:a critical review[J]. Cogent economics & finance,2020,8(1):1804036.

[50] 王文凯. 行政分权与县域创新:基于强县扩权改革的实证检验[J]. 当代财经,2021(6):14-26.

[51] DAUMAL M,ZIGNAGO S. Measure and determinants of border effects of Brazilian states[J]. Papers in regional science,2010,89(4):735-758.

[52] DE MELLO L R JR. Can fiscal decentralization strengthen social capital[J]. Public finance review,2004,32(1):4-35.

[53] 刘晓茜,段龙龙. "扩权强县"改革对不同类别县域经济绩效的影响:来自四川省59个试点县的经验证据[J]. 软科学,2017,31(9):79-83.

[54] 詹新宇,易泉映雪,刘皓月. 政府层级改革的经济发展质量效应研究:基于"省直管县"和"强县扩权"的准自然实验[J]. 财政科学,2022(3):15-33.

[55] 邓慧慧,刘宇佳,王强. 中国数字技术城市网络的空间结构研究:兼论网络型城市群建设[J]. 中国工业经济,2022(9):121-139.

[56] 杨亮洁,任娇杨,杨永春,等. 尺度重构视角下中国城市多元网络结构研究[J]. 经济地理,2021,41(9):48-58.

[57] 范振杰,何丹,程雯雯. 基于上市企业所有制属性的中国城市网络:时空演化与复杂性解释[J]. 经济地理,2023,43(1):93-104.

[58] 张杰,盛科荣,王传阳. 中国城市间金融网络的空间演化及其影响因素[J]. 热带地理,2022,42(6):928-938.

[59] 郭艳娇,王振宇. 省直管县是否能够显著影响经济增长:基于荟萃回归分析方法[J]. 财政研究,2018(6):32-41.

[60] 杨雨,盛科荣. 中国城市网络关联格局的演变及影响因素:基于企业网络视角[J]. 世界地理研究,2021,30(6):1208-1218.

[61] 盛科荣,杨雨,孙威. 中国城市网络中心性的影响因素及形成机理:基于上市公司500强企业网络视角[J]. 地理科学进展,2019,38(2):248-258.

[62] 叶雅玲,林文盛,李振发,等. 中国城市间投融资网络结构及其影响因素[J]. 世界地理研究,2020,29(2):307-316.

[63] 胡乐婷. 公平效率视角下的地方政府经济管理绩效评价及影响因素研究:基于183个地级以上城市的实证分析[D]. 大连:东北财经大学,2022.

[64] DERUDDER B. On conceptual confusion in empirical analyses of a transnational urban network[J]. Urban studies,2006,43(11):2027-2046.

[65] RIHOUX B,RAGIN C C. Configurational comparative methods:qualitative comparative analysis (QCA) and related techniques [M]. Los Angeles:SAGE,2009.

[66] RAGIN CC. Redesigning social inquiry:fuzzy sets and beyond[M]. Chicago:University of Chicago Press,2008.

[67] WAGEMANN C,BUCHE J,SIEWERT M B. QCA and business research:work in progress or a consolidated agenda[J]. Journal of business research,2016,69

(7):2531-2540.

[68] SCHNEIDER C Q, WAGEMANN C. Set-theoretic methods for the social sciences: a guide to qualitative comparative analysis[M]. Cambridge: Cambridge University Press, 2012.

[69] 杜运周, 贾良定. 组态视角与定性比较分析(QCA): 管理学研究的一条新道路[J]. 管理世界, 2017(6):155-167.

[70] FISS P C. Building better causal theories: a fuzzy set approach to typologies in organization research[J]. Academy of management journal, 2011, 54(2): 393-420.

[71] 于英杰, 吕拉昌. 中国城市知识创新职能空间分异及其影响因素[J]. 地理学报, 2023, 78(2):315-333.

第7章图表来源

图7-1源自:笔者绘制.

图7-2源自:笔者根据第四次全国经济普查的企业数据绘制[底图源自标准地图服务系统网站, 审图号为GS(2020)3189号].

图7-3源自:笔者绘制.

图7-4、图7-5源自:笔者根据第四次全国经济普查的企业数据、《中国县域统计年鉴(县市卷):2019》、2018年各县国民经济和社会发展统计公报及2019年各地级市统计年鉴绘制.

表7-1至表7-6源自:笔者根据第四次全国经济普查的企业数据、《中国县域统计年鉴(县市卷):2019》、2018年各县国民经济和社会发展统计公报及2019年各地级市统计年鉴绘制.

8 人才流动规律及其对区域一体化的启示

人才是知识的承载者,价值的创造者,社会的贡献者。党的二十大也强调"必须坚持科技是第一生产力、人才是第一资源、创新是第一动力,深入实施科教兴国战略、人才强国战略、创新驱动发展战略,开辟发展新领域新赛道,不断塑造发展新动能新优势"。站在区域一体化高质量发展的新高度,积极抢占科技和人才竞争的制高点,统筹谋划吸引人才集聚的区域平台,营造识才、爱才、敬才、用材的发展环境,努力建设世界重要的人才中心和科技高地是加快建设创新型国家和人才强国的重要抓手。区域人才资源的合理流动和有效配置是区域协调发展的内在要求,人才的流动和集聚产生巨大的规模效应,反过来促进人才吸引,并形成区域发展的正向反馈。但过度的人才集聚则可能会适得其反,不仅在地理空间上造成人才资源的失衡,而且会使得真正的专业技能无法按需匹配,转而集中分配到门槛更低的领域[1]。

为平衡人才资源配置,支持人才充分流动,京津冀地区首先提出通过人才一体化服务国家发展的重大战略,紧接着粤港澳大湾区与长三角区域也提出要通过政策协调、制度衔接和服务贯通等手段改变以邻为壑的人才竞争关系,形成一体化的人才共享格局[2]。2018年11月,长三角一体化发展上升为国家战略。作为人才富集、制造业发达、科研机构活跃、市场潜力巨大的世界级城市群,长三角应当为打破人才流动屏障、实现人才红利共享发挥率先示范作用,以人才要素的区域合作推进高质量一体化发展。人才的区域一体化协调机制构建,需要综合分析人力资本的空间聚集特性和区域间的互动关系,适应不同地区人才培养特点和环境,面对人才增长或流失的现状,应提供合理的协调发展应对策略。本章将从区域协调背景下的人才问题出发,以长三角为案例探究人才流动的区域现状,进而为发挥人才资源在区域创新系统中的作用提出建议。

8.1 区域协调发展背景下的人才困境

8.1.1 创新人才短缺制约城市竞争力

人才资源对国家事业发展全局的战略和基础性作用日益突显,但创新人才总量不足,特别是创新高素质人才偏少的问题始终存在。总的来看,我国人才资源数量持续稳步增长,总量达到2.2亿人,在规模方面居世界前列。但是从全球维度来看,我国在高科技领域与发达国家相比仍有差距,重要因素在于高层次、高技术人才的结构和质量相对处于劣势,人才产出能力、创新资源相对不足,专业技术人才的国际话语权较低。以从事研发活动的人才为例,中国略逊于印度,远不及美国,较少有城市能担当国际人才流动的中介功能[3]。2021年中国在全球人才竞争力指数(Global Talent Competitiveness Index,GTCI)排名前40位,与发达国家相比,对于创新创业型人才的吸引力和竞争力仍然不足,亟待为人才发展营造更有利的环境。产业与技术的不断更迭使人才技能供求出现逆差成为常态,人才短缺成为全球正在面临的关键问题,具备新型技能的科技工作者和青年人才的短缺问题尤其严峻,使得小至企业与城市,大至整个国家都在采取有针对性的激励措施,以争取可用之才。

在创新人才总量不足的背景下,区域人才资源的相对稀缺同样不可避免。关于人才分布的研究显示,人才资源具有明显的沿海指向。受到沿海城市与内陆地区的自然禀赋、结构条件的差距以及全球化、去中心化和市场化的影响,人才资源在沿海与内陆腹地出现持续的"势能差",并集中在超大城市、特大城市。我国人才迁移依然呈现出较明显的"孔雀东南飞"格局:人才主要集中于东部地区的一二线城市和一些省会城市;三大城市群是我国的人才高地和智力密集区,部分高校密集型城市也成为受益者,培养了大量高学历人才[4],而中西部地区无法有效缓解人才外流的局面。对于城市群内部,人才主要流向经济社会科技水平较高的核心、次核心城市,而边缘城市相对较少,在空间上呈现出"核心—边缘"结构[5]。经济发展到更高质量阶段,激烈的人才竞争和机会的多样化对于地方原有人才的留存构成全新挑战,高速发展的城市在不同程度上形成"极化效应",牵引人才要素不断堆积。如果地区缺少适合人才发展的生态环境,则很容易发生人才流失,构成经济社会可持续发展的瓶颈。例如,对安徽芜湖市的调研显示,芜湖高新技术产业开发区等园区缺少产业发展所需的对口人才,当地高校培养的毕业生无法满足企业对人才素养的需求,计算机等岗位人才难求、培训成本高,而极少数高层次人才会从一线城市到芜湖就业[6]。

8.1.2 区域间隐形壁垒阻碍人才流动

随着新型城镇化和城乡融合发展的推进,户籍制度改革有了较大进展。除北京、上海等少数超大特大城市外,中国城市的落户政策已基本放开,学历型人才的落户条件更加宽松。然而,不同地区、不同所有制之间的无形壁垒依然存在,影响着人才跨越行政区边界和城市等级的双向流动。一是地区间公共服务丰度差异大,社会保障制度无法"与人同行"。由于户口隐形标签仍然存在[7],与户籍"捆绑"的购房、就业、子女入学、社会保障等市民待遇不便携。自由落户需要稳定的地方财政保障,但当前规范的财政转移支付机制尚未形成,市民拥有的待遇覆盖所有城市常住人口目前还未成为公共现实,在区域内实现转移接续和普惠共享难度更高。自由迁徙、财政困境和基本公共服务不均衡之间无法取得制度化的最优解[8],导致人才很难舍弃高等级城市的户口回流到其他城市。二是人才选聘和档案流转缺乏灵活性,人才进入和退出程序繁冗。受制于单位所有制,单位对人才流动的许可仍有很高的话语权,人事档案采取封闭式管理,人才流动阻力没有得到有效降低。高额的合同违约金、技术泄漏风险保证金、保密协议违约金等阻碍手段层出不穷,阻碍了这部分人群的自由流动。

究其原因,由于区域治理尺度没有超越省级层面,既有的权力配置和激励机制让区域政策构想的落地效应不够显著[9]。行政管理体制的分割使各地政府出于自身财政收入和利益的考量,会在不同程度上介入市场经济活动,以行政方式进行资源配置。以地方利益为主,构成"正当合理性",然而却导致利益协调不完善、共享机制不健全。为催化人才合理流动,将适合的人才真正留在本地,形成可持续的创新增长动力,还要切实反思一体化的区域整体如何实现福利待遇的平等共享,让人口、人才政策与公共服务改革相配套。

8.1.3 各地人才政策失序降低引才效能

近年来,城市人才吸引仍然大量依赖人才政策等行政力量的推动,各级政府为延揽英才积极行动,抛出了一系列招才引智的公共政策,加剧了城市间人才竞争的趋势。如武汉"百万大学生留汉创业就业工程"、长沙"人才新政22条"、成都"蓉漂计划"、重庆"鸿雁计划"、厦门"新鹭萌芽工程"与上海的人才落户新政等,不乏更多二线乃至三线城市加入了人才竞争的行列。然而随着各地政策的密集出台,人才政策过度功利化、地方政府竞争不合理、共享机制搭建不完整,对于未来规划不足、系统性不强等一系列问题逐渐暴露[10]。浙江省委党校课题组的调查发现,人才政策的知晓率普遍较低,超过一半的受访者对于人才政策完全不了解;对于高学历层次的人才,货币补贴和户籍政策等短期刺激的影响比较小,公共服务跟不上人才不断增加的需求,房地产等其他领域的政策与人才政策协调性不足挫伤了高层次人才安居的积极性;地区间产生"内部竞争",各项政策处于独立、分散的孤岛状态,本质上反映出缺乏应有的区域协调机制问题[11]。

仅从引才角度发力忽视了前端的人才培养和后续的服务保障,依靠创业补贴、住房优待等短期政策无法产生长效影响,难以避免人才选择再次离开。同时,地方人才政策的趋同抑制了人才流动的积极性,仍锁定在以引进数量为标准的评价体系和以学历为标准的筛选框架中,脱离了市场本质需求,加剧了各地人才政策的雷同性,笼统性的人才政策与区域本底的整合不足,将增加人才局部浪费的风险,亦无法从宏观层面改变既有的城市选择趋向[12]。以往人才政策的经验启示我们,尽管人才的流动性强烈,但这种流动性遵循一定规律,受制于城市就业环境、发展前景、生活设施、自然气候与环境等"推拉"因素的合力作用,并随着社会的发展与时俱进,很难通过外部简单的干预扭转流动的整体趋势。人才资源的多样性体现在年龄、性别、学历、专业、技能等多方面,各地区对于不同行业、职业、岗位人才群体的需求不同,面临寻找特定符合标准人才的挑战也不同。针对上述问题,要加强对于人才流动的规律性认识和现状把握,以提出更加切合实际的解决方案。

8.2 长三角区域人才的空间分布与流动

8.2.1 高学历人才的分布与增长

1) 世界级城市群高学历人才竞争力比较

新时期,国家和地区之间的竞争愈发体现为人才驱动力的竞争,纵观世界一流城市群、湾区和发达国家经济高地,这些地区均拥有良好的软硬件条件,对国内外创新人才形成显著的集聚效应,并在各产业领域中依托高等教育素质的人口结构拥有强有力的智力支撑而飞速发展。但对标世界其他著名城市群、湾区,长三角城市群尚未形成统一开放的人才市场体系,人才聚集力较弱,高等教育发展相对欠缺,开放性创新生态亟待改善。《2021年全球人才竞争力指数》报告显示,世界级五大城市群的主要城市波士顿、伦敦、华盛顿等城市的全球城市人才竞争力指数稳居全球前50名。

在报告评价的155个城市中,中国有17个城市上榜,其中长三角城市群有4个城市上榜,但排名稍落后,南京、上海、杭州和苏州在全球排名中分别处于第76位、第77位、第88位和第92位(表8-1)。在区域的人员结构中,2020年长三角大专学历及以上的人口占常住人口的比重约为18.42%。据全球化智库(Center for China and Globalization, CCG)有关报告统计,旧金山湾区受教育程度为本科及以上的劳动力占全体劳动力的比重达到46%,纽约湾区达到42%,其中纽约每10万人拥有大学生数量超过7 000人;东京湾区的东京都、神奈川县及埼玉县的大学和研究生院的学生数量在2010年就超过106万人,占全国的比重高达36.7%,高度发达的高等教育建设为人才高地建设提供了充足的高素质创新人才[13]。

表 8-1 2021年全球城市人才竞争力指数排名(部分)

排名	城市	所在城市群	得分
3	波士顿	美国东北部大西洋沿岸城市群	70.6
9	伦敦	英伦城市群	65.5
12	华盛顿	美国东北部大西洋沿岸城市群	65.3
16	阿姆斯特丹	欧洲西北部城市群	62.0
17	纽约	美国东北部大西洋沿岸城市群	61.0
21	多伦多	北美五大湖城市群	59.5
23	芝加哥	北美五大湖城市群	58.0
32	巴黎	欧洲西北部城市群	56.0
39	渥太华	北美五大湖城市群	53.5
46	东京	日本太平洋沿岸城市群	50.8
76	南京(中国)	长三角城市群	73.5
77	上海(中国)	长三角城市群	43.2
88	杭州(中国)	长三角城市群	41.1
92	苏州(中国)	长三角城市群	39.8

2) 长三角区域高学历人才增长变化比较

从具有高等教育学历的人才分布情况来看,从20世纪90年代后期市场化改革开始,人才密度增长中心向东南沿海城市区域转移,以上海为龙头的长三角区域得益于教学科研基础雄厚,产业发展完善,高学历人才呈现集聚趋势[14]。长三角区域人才总量上的占比超过珠三角地区和全国平均水平,增长速度超过全国其他省区。尽管总量上的优势毋庸置疑,但作为一体化的整体区域,长三角区域内部各地区的人才聚集水准并不相同,人才资源两极分化状况比较严重。根据2020年最新开展的第七次全国人口普查(简称"七普")结果,上海、江苏、浙江、安徽大学本科及研究生人口占比的相对比例为2.56∶1.41∶1.28∶1。

受到自然环境、经济和科技发展程度以及公共服务资源条件等影响,上海较江苏、浙江、安徽在人才集聚方面的"虹吸效应"更为明显,省域内不同城市的人才集聚能力也存在等级阶梯。"七普"与"六普"相比,长三角各城市高等教育人才数量逐步增长,上海高学历人才的增长数量位于首位,与其他城市的断层加大,苏州、南京、无锡、金华等城市人才增长数量均位于长三角前列。在高学历人才增长率上,江苏宿迁、安徽亳州和滁州以及浙江金华等城市的增长较为突出,增长速度超越长三角其他城市(图8-1)。

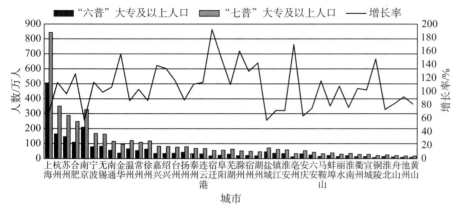

图8-1　2010—2020年长三角区域人口普查大专及以上人口数量差异图

与2010—2020年常住人口增长对比,城市的常住人口增长高于高学历人口增长是大多数城市的常态,如合肥、马鞍山、铜陵、金华的常住人口增长是高学历人口增长的3倍。上海、南通、扬州等城市的人才吸引力较强,人才增长数量远大于常住人口增长量,高学历人才快速集聚。而盐城、淮安等苏北城市在2010—2020年的常住人口总量呈负增长,人口净流出规模扩大,但苏北地区高学历人才流入数量可观,仍有一定的人才增长量,可见以人才的角度再审视人口变化,将会呈现非常不一样的格局。在长三角人口负增长的城市中,安徽城市数量最多。六安、安庆、淮北等安徽城市在2010—2020年的常住人口下降数量均在10万人以上,同时从高学历人才变化来看,增长量在长三角排名垫底(图8-2)。

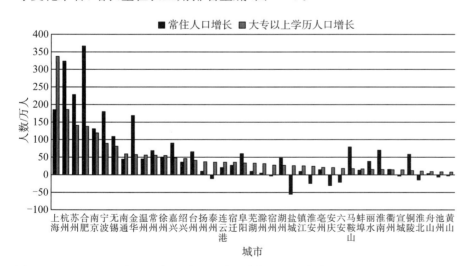

图8-2　2010—2020年长三角区域人口普查常住人口与大专及以上人口增长量差异图

3) 长三角区域内高教科研资源分布现状

人才资源的分布其实与高校、科研机构等组成的区域创新系统密不可分。长三角区域是全国高校聚集区域,是知识创新产出丰富且高科技产业发展迅速的典型地区,拥有良好的人才培育与发展平台,现有人才与潜在人才存量丰富。如图8-3所示,区域内共有36所"双一流"建设高校,约占全国的25%,高校主要集中在上海以及长三角省会城市,其中上海拥有14所,江苏拥有16所,浙江和安徽分别拥有3所。在地级市中,南京市和合肥市高校资源较为丰富,分别拥有13所、3所,是重要的科教中心城市。长三角集聚了大量高能级人才载体,拥有上海张江、安徽合肥2个综合性国家科学中心,以及全国约25%的国家重点实验室、国家工程研究中心。然而长三角整体上的科研资源布局分布不均,以上海为中心呈现环状递减的特征,东多西少,高校密集区科研资源分布密度较高。长三角五大副中心城市南京、杭州、苏州、无锡、宁波均有高密度的科研机构分布,科技创新平台丰富。同时,长三角区域出台了一系列跨省市合作政策,如长三角G60科创走廊是长三角一体化发展国家战略的重要组成部分,包含上海、嘉兴、杭州、金华、苏州、湖州、宣城、芜湖、合肥9个城市,为沿线各城市智力资源、科教资源的优化配置、长三角人才发展奠定了基础。

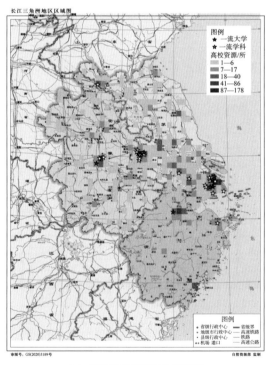

(a) 长三角高校资源分布情况

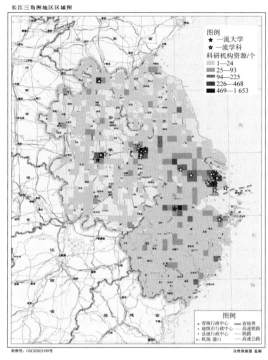

(b) 长三角科研机构资源分布情况

图 8-3　长三角高校、科研机构资源分布情况

8.2.2　长三角区域高校毕业生空间黏滞与流动

高校毕业生是最富活力、最具创造性的群体,作为区域人才的后备军,是人才争夺的重要对象。以长三角区域高校官方网站公布的 2019 年毕业生就业质量报告为数据来源,统计毕业生结构、就业人数、生源地分布和就业地分布等信息。结合数据的可获得性、精确性和统计口径的一致性,共获取 124 所位于长三角的高校的毕业生流动数据,其中上海 26 所、江苏 40 所、浙江 28 所、安徽 30 所。按学校层级划分,"一流大学"建设高校 8 所,"一流学科"建设高校 26 所,其他普通高等学校 90 所。

1) 高校毕业生空间黏滞

表 8-2 显示了长三角城市就学地黏滞率的等级分布,上海在所有的城市中就学地黏滞率最高,达到 67.71%,苏州在所有的城市中排名第二位,就学地黏滞率为 53.31%。就学地黏滞率超过 40% 的城市还有杭州、合肥和宁波,它们均为"双一流"大学的拥有者和常住人口规模超过 100 万的大城市。但是区域内高校数量最多的城市南京仅有 32.15% 的毕业生选择了在学校所在地就业,南京高校跨省就业比例较高,41.61% 的毕业生在毕业后选择了在其他省份工作,省内的苏州、无锡和常州也吸引了 10.57% 的毕业生流入,使得南京的就学地黏滞率较低。除了以上城市,嘉兴、亳

州、阜阳、南通、台州等的就学地黏滞率也超过 30%,在吸纳毕业生初次就业方面实现了人才投入的良好转化。

表 8-2 城市就学地黏滞率

就学地黏滞率/%	城市
>50	上海、苏州
41—50	杭州、合肥、宁波
21—40	嘉兴、亳州、阜阳、南京、无锡、南通、台州、丽水、六安、黄山、湖州、盐城、芜湖、温州、绍兴、常州
15—20	淮安、马鞍山、泰州、扬州、镇江、舟山、衢州、金华
<15	宿州、徐州、淮北、池州、蚌埠、安庆、滁州、宿迁、连云港、淮南、铜陵

2) 高校毕业生省际流动

就学地—就业地矩阵(表 8-3)显示了毕业生从就学地到就业地的迁移人数及其占就学地迁出人数的比重。从流出地来看,跨省就业流动最强的省份是安徽,共有 45.25% 的毕业生选择了跨省就业,27.45% 的毕业生选择在长三角其他省就业。浙江跨省就业流动最弱,毕业生倾向于留在省内而较少向外省溢出。跨省就业流量总和大于 2 000 人的城市有毕业生总量丰富的南京、合肥、上海、杭州,也有位于安徽、与邻省联系密切的淮南、蚌埠、滁州和芜湖,它们流向江苏的毕业生均超过 1 000 人。从流入地来看,上海形成了吸引长三角毕业生就业的磁极,分别有 9.12% 的安徽毕业生、7.44% 的江苏毕业生和 4.92% 的浙江毕业生进入上海就业。但对于安徽毕业生来说,江苏的吸引力更强,11.72% 的安徽毕业生选择进入江苏就业。合肥师范学院与淮南师范学院的就业质量报告提供了毕业生流向城市的排名,流入南京的毕业生数排在前三位,苏州、无锡、常州也排在前十位,可见毕业生的就业流入地并不局限于省会城市。

表 8-3 就学地—就业地矩阵

类别		就业地			
		安徽	江苏	浙江	上海
就学地	安徽	59 385 人 (54.75%)	12 708 人 (11.72%)	7 171 人 (6.61%)	9 895 人 (9.12%)
	江苏	12 708 人 (1.73%)	105 917 人 (63.27%)	6 303 人 (3.77%)	12 450 人 (7.44%)
	浙江	1 180 人 (1.32%)	2 363 人 (2.64%)	65 931 人 (73.59%)	4 405 人 (4.92%)
	上海	896 人 (1.33%)	3 212 人 (4.75%)	3 483 人 (5.15%)	45 775 人 (67.71%)

基于就学城市与长三角区域内就业省份的毕业生流动量,将流动量划分为三个等级:高度跨省联系、中度跨省联系、低度跨省联系,对应区间分别为 11%—20%、6%—10%、2%—5%,在每个区间内将城市按流动比例大小排序(表8-4)。高度跨省联系主要为从安徽省内城市流入江苏,从安徽和江苏省内城市流入上海;中度跨省联系主要为从安徽省内城市流入上海、江苏、浙江,从江苏南部城市流入上海,以及从上海流入浙江;低度跨省联系主要为从江苏城市流入上海,从上海流入江苏,以及从浙江省内城市流入江苏和上海。区域内跨省流动受地缘关系影响,如安徽的马鞍山、滁州、宿州、蚌埠等苏皖边界城市与江苏形成高度跨省联系。苏南城市相对于苏北城市,与上海的流动联系更紧密,受省域边界的影响程度较低。从就业流入省份来看,上海与江苏高度、中度跨省联系居多,浙江中度、低度两种跨省联系类型居多,而安徽仅有低度跨省联系一种类型,这说明长三角区域内省际人才流动联系强度存在较大差异。上海与江苏的部分大城市是富有竞争力的人才流入中心,对于都市圈腹地范围内的邻省城市形成人才虹吸。浙江与安徽对于长三角区域内其他省份的毕业生而言,吸引力相对薄弱。

表8-4 高校毕业生跨省就业流动联系类型

类别	上海	江苏	浙江	安徽
高度跨省联系 11%—20%	安庆、无锡、南通、蚌埠、滁州、镇江、池州、铜陵、淮北、黄山、宿州、马鞍山、淮南	马鞍山、滁州、安庆、宿州、芜湖、淮南、蚌埠、池州、淮北、六安、黄山	—	—
中度跨省联系 6%—10%	合肥、南京、盐城、芜湖、连云港、六安、舟山、扬州、苏州、徐州、嘉兴、阜阳	合肥、铜陵、舟山、阜阳	无锡、黄山、芜湖、安庆、滁州、淮南、蚌埠、宿州、合肥、池州、马鞍山、南京、上海	—
低度跨省联系 2%—5%	杭州、常州、宿迁、淮安、泰州、宁波、金华、绍兴、亳州	上海、亳州、绍兴、金华、温州、嘉兴、杭州	铜陵、淮北、六安、徐州、镇江、盐城	无锡、金华

3)高校毕业生省内流动

在择业迁移过程中未跨越省级行政区的毕业生,一部分选择在就学地直接就业,另一部分则发生省内跨市就业流动。安徽、江苏和浙江三省高校的就业报告提供了毕业生省内跨市流动的城市分布。数据表明发生省内跨市流动的毕业生人数共占三省总就业人数的 28.29%。毕业生在江苏、浙江、安徽三省省内城市间流动的空间形态各异,省内层次分化比较明显(图8-4)。在江苏,南京的高等教育资源较丰富,高校毕业生数量较庞大,大量毕业生从南京毕业后流向苏州、无锡、常州等苏南城市。此外,苏州、无锡作为就业地也吸引了大量毕业于徐州、淮安的毕业生。南京和苏南几个城市构成了江苏省内多核的空间形态。在浙江,省会城市杭州与其他城市形成人才的双向流动关系,如杭州与宁波、杭州与金华、杭州与温州城市对间双向的毕业生流量均超过0.10万人。在安徽,合肥是省内流入中心,蚌埠、淮南、六安、芜湖等周边城市的毕业生流向合肥的人数均超过0.10万人,形成向省会辐合的空间形态。

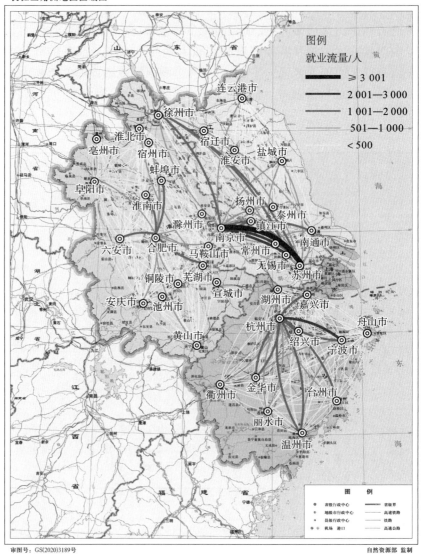

图8-4 长三角毕业生省内择业迁移流向

8.3 长三角区域人才政策制定现状与趋势

8.3.1 区域人才政策样本选择与研究方法

为留住和吸引人才资源,长三角各城市立足自身发展,出台并实施了一系列人才政策,扶持各类人才就业创业。本章以长三角区域为研究对象,包括江苏省的常州市、淮安市、连云港市、南京市、南通市、苏州市、宿迁市、泰州市、无锡市、徐州市、盐城市、扬州市、镇江市,浙江省的杭州市、湖州市、嘉兴市、金华市、丽水市、宁波市、衢州市、绍兴市、台州市、温州市、舟山市,安徽省的安庆市、蚌埠市、亳州市、池州市、宿州市、滁州市、阜阳市、合肥市、淮北市、淮南市、黄山市、六安市、马鞍山市、铜陵市、芜湖市、宣城市以及上海市,并对上述城市2019—2022年发布的涵盖高校毕业生的实施意见、办法、通知和规划等政策文件进行梳理,最终选取186项相关政策文本作为研究文本,其中江苏省共55项,浙江省共56项,安徽省共59项,上海市共16项。研究所涉及的政策资料整理自长三角各城市政府官方网站,如市政府信息公开网站、人力资源和社会保障局(部)网站以及人才服务中心网站。利用文本分析软件ROST-CM 6对政策文本进行分词处理,通过构建长三角区域人才政策的主题词共词矩阵和高频主题词网络,反映政策的关注热点,从而进一步比较长三角区域各城市人才政策的制定策略。

8.3.2 长三角区域人才政策比较

运用文本分析软件对现有186项政策文本进行词频分析,按照主题词频数降序排列,同时考虑关键词和节点联结的含义,排除无效信息的关键词和节点联结。从统计结果来看,"人才""就业""企业""补贴""毕业生""高校"为高频关键词,长三角区域各地政府的人才政策不仅面向高层次人才,位于人才金字塔的中层及"塔基"的人才也是重要的引进对象(图8-5,表8-5)。在人才政策内容中,各地通过对高校就业创业流动路径、校企平台互动关系的把握,针对各层次人才制定了一系列措施,包括给予就业补贴、提供住房优惠、资助创新创业等具体实施举措,吸引并留住人才。

1) 引进培养政策

参考相关研究成果,将长三角各省市的人才政策分别进行分词分析,根据词义、词性剔除无效关键词,统计频次大于20次的关键词并按类别划分为人才引进、人才培养、人才保障三个维度(表8-6)。长三角各地人才政策表现出一定的趋同性与竞争性[15-16]。在人才引进方面,长三角各地区的人才引育对象具有趋同性,创新创业主体聚焦于各学历层次的高校毕业

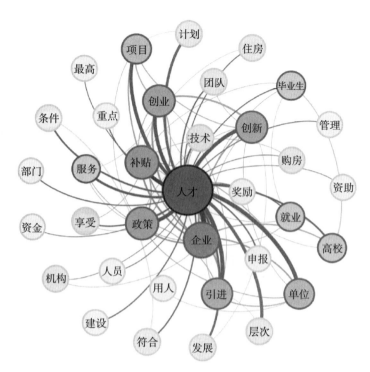

图 8-5　长三角区域人才政策关键词共词网络

表 8-5　人才政策关键词及节点关联分析

关键词	词频/次	节点联结
人才	6 234	企业—人才
就业	2 835	人才—引进
企业	2 639	人才—创新
补贴	2 632	补贴—人才
毕业生	2 306	企业—毕业生
高校	2 179	企业—高校
创业	2 129	人才—管理
政策	1 400	引进—创新
引进	1 177	补贴—创业
创新	1 172	人才—服务
项目	1 154	人才—补贴
层次	808	给予—补贴
技术	783	补贴—购房
团队	618	创新—团队
住房	616	发展—就业

生、应届毕业生、青年人才及团队等群体,依托一系列人才计划、人才工程等为人才提供发展平台,如湖州市的"南太湖精英计划"、嘉兴市的"星耀南湖人才计划"、金华市的"双龙计划"、上海市的"浦江人才计划"等,从而推动大众创业、万众创新,为地区创新驱动发展注入动力。但在各地的人才计划中,人才的资格资质、评价标准等均存在差异,导致人才或企业在跨省市流动时不能充分享受政策红利,人才政策成为人才区域流动壁垒。上海市颁布的相关人才政策更注重生源地类别,对上海生源与非上海生源制定了不同的就业创业政策方案,加大对非上海生源的引才力度。在人才培养方面,关键词"培训""孵化""培养""基地""实践"等主要反映了当前长三角区域提出职业技能培训,依托企业、产业园区等平台建设实习基地、"双创"孵化基地、产学研基地、教育培训基地等,通过项目资助、经费支持等措施实现人才培养,支持将人才培养与企业发展需求及时对接。

表 8-6 长三角区域人才政策举措高频关键词

维度	江苏省	浙江省	安徽省	上海市
人才引进	就业、毕业生、高校、高端人才、创业、企业、青年、本科、博士、应届、引进、学历	毕业生、高校、创业、创新、全日制、引进、研究生、青年、人力、高端人才、引进、本科、硕士、精英、博士、创业者	就业、毕业生、高校、创业、企业、创新、招聘、资源、开展、组织、签订、引进、青年、吸纳	毕业生、就业、高校、创业、企业、申请、生源、应届、新城、学生、引进、外籍、吸引、团队
人才培养	资助、培养、拓展、打造、技能、组织、基地、平台、孵化、园区、扶持	技能、基地、依法、创新、校企、帮扶、数字化、农业、强化、宣传、培养、实践、绿色产业	培训、帮扶基地、项目、创新、发展、建设、技能、园区	培养、鼓励、发展、科技、扶持、技能、技术、高等学校、雏鹰、园区、高新技术
人才保障	安居、公寓、补贴、社会保险、一次性、住房、租房、社保、保险、贷款、养老、求职、优惠、基金、社区	安家、社会保险、享受、补助、社保、一次性、贷款、办理、购房、家庭、租房、需求、奖励、保险费、医疗、优惠、津贴、资源、公寓、租金、家政、教育、公积金、资助、公益性	补贴、购房、租房、服务、优惠、社会保险、一次性、贷款、公寓、免费、补助、家庭、失业、保险、社会保险	落户、户籍、补贴、职业、社会保险、租赁、公益、教育、服务网、保障、住房

2) 保障激励政策

在人才保障方面,长三角各城市主要通过毕业生求职创业补贴、一次性生活补贴、租房补贴、实习补贴、租购房优惠以及惠及子女教育的各项福利政策给予人才服务保障,以物质奖励强化人才政策在城市作为人才流入地时的拉力作用。其中,上海市更强调户籍政策,通过降低落户门槛,提高城市人才吸引力,加速人才集聚。如《2020年非上海生源应届普通高校毕业生进沪就业申请本市户籍评分办法》提出将之前"以北京大学、清华大学为试点,探索建立对本科阶段为国内高水平大学的应届毕业生,符合基本申报条件可直接落户"政策的试点范围扩大至在沪"世界一流大学建设高校",即上海交通大学、复旦大学、同济大学、华东师范大学四校应届本科毕业生符合基本申报条件即可落户。在上海最新的五大新城落户政策中,"在沪各高校应届硕士毕业生,可直接落户""双一流本科毕业生,在五大新城、南北地区重点转型地区用人单位工作,也可以直接落户",可看出上海市逐步降低落户政策门槛的引才态度。

3)政策协同机制

进一步探索长三角一体化发展背景下人才协同发展机制,以"协同"为检索对象对186项政策文本进行查找并绘制结构图(图8-6)。结果显示,长三角区域城市人才政策主要将协同机制要求贯穿于政策实施主体即本省或本市的不同政府部门之间,以部门协合作保障人才政策的实施,或通过政府、企业、高校与科研机构之间的协同创新来构建产教融合的协调发展格局,或强调协同目标内容为经济政策与就业政策、产业竞争力与人才竞争力。在具体的人才培养政策中产业发展与人才发展协同表现突出,长三角各城市立足城市发展特色,从产业发展战略目标出发制定人才政策,力图实现产业发展和人才引进的有效互动。例如,安徽省马鞍山市紧抓钢铁产业,希冀招引制造业人才,以大力推动制造业发展;浙江省舟山市强调加快打造海洋经济人才新高地,为符合发展定位的创业项目提供孵化基地和系统服务;上海市着力在重点产业领域,包括现代服务业、先进制造业、高新技术产业和战略性新兴产业领域建成培养基地,打造"高技能人才培养基地",实施"浦江人才计划",以引进紧缺类创新人才和留学人员企业。

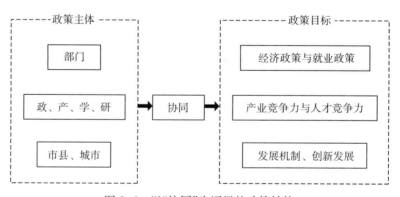

图8-6 以"协同"为词根的政策结构

然而,各城市间的联动协同发展较少在政策文本中被明确提出,区域治理尚未突破省级尺度,仅个别城市强调以长三角区域为整体发展平台,同时多以示范区的形式优化区域内的人才互认机制。如浙江省舟山市出台政策要求主动融入长三角一体化,承接上海、杭州等高端智力溢出,与宁波实现人才共建、资源共享,促进区域内的人才资源流动。马鞍山市提出积极加入长三角一体化发展城市联盟,并与其他城市签订共建合作协议,在毗邻地区建立人才试验区。苏州市率先探索省内城市落户积分互认制度,以苏锡常一体化推动长三角一体化。2020年《长三角生态绿色一体化发展示范区专业技术人才资格和继续教育学时互认暂行办法》发布,针对上海青浦、江苏吴江和浙江嘉善示范区内的专业技术人才职业资格、职称和继续教育学时互认制定了6个方面18项创新举措,为技术人才在长三角区域的自由流动创造了政策条件。

8.4 人才协同与人才环流助力区域协调发展

应对人才分布的不平衡性现状,要求区域层面的政策制定部门和人才使用单位树立好人才共同体的理念和人才流动的系统观,将单一的城市视角转向区域协调视角,探索用人政策的竞合关系。人才的集聚有助于推动创新和经济增长,并通过对技能、人才与能力的遴选产生不同的地理空间分类。为了发挥人才对区域创新及经济发展的最大效益,可以突出人力资本的聚集特性,尽量尊重人才流动的内在动因,焕发市场在选择人才中的自主性作用,让城市本身的工作和环境成为留人的引擎[17]。现阶段我国以城市群为核心、以重要中心城市为节点的多级网络化空间格局正在形成,城市群内部的核心城市可依托城市群综合竞争能力,通过开放性人才政策进一步提升高端人才的集聚能力,以支持高层次人才柔性流动来辐射、缓解周边地区高端人才吸引力不足问题。次发达城市、非中心城市可差异化制定适合自己的人才政策,形成错位竞争的区域格局,积极融入区域共享共治。在区域人才一体化发展过程中把握好人才环流、人才回流等人口流动新特征,实现人才与流出地、流入地的互利共赢[18]。

8.4.1 启动与人才环流相关的区域政策行动

对于一体化发展区域,既要尊重人才集聚特性,也不能无视劣势地区人才流失的风险。人才流失是长期可持续发展的风险因素,应对可能出现的局部人才外流情况,建议各政府树立"不求所有,但求所用"的人才理念,把握人才流失与人才交流的关系,鼓励在流动中激发"人才红利"。长三角区域需强化区域层面的一体化协调组织,负责多城市、多部门以及政府部门上下级的政策协调,营造方便人才区域内自由环流的政策落地环境。与人才环流相关的政策行动旨在为特定地方设计吸引、保留与再吸引高素质劳动力的相关政策,在多层次(市县、区域、国家)治理的背景下给出不同的方案,鼓励不同层次的人才根据需要自由跨区域流动,拓展区域间的人才交流合作,让人才成为一种真正可流动的高价值资源。

需要大胆破除阻碍区域人才引进的壁垒,应放尽放、能宽则宽。一是积极探索柔性引才机制。在苏北、浙南、安徽等人才流失严重地区建立"人才飞地",充分利用产业园区、企业、科教资源等,依靠"带土移植"的区域合作来共享发展成果,通过智力溢出来增强地区整体竞争力。"人往高处走"的趋向难以扭转,亦可迎合人才自然流动规律,不改变现阶段主要迁移方向,采取"有事即租、事毕即止"的人才中介方式进行智力服务购买[19],倡导在创新高地地区设立欠发达地区的人才阵地,积极探索"反向飞地"模式,以保证智力资源的流动性连接[20]。二是克服因社会事业和公共服务差异导致的流动阻力,深化"人地钱挂钩"等配套政策。可以借鉴欧盟各国跨境公共服务合作的经验,拓展医疗保健、教育培训、民防工程等公共服务的适用范围。支持长三角区域内就医与养老补贴异地结算、社会保障信息互通、服务综合受理等。完善区域内专门化的人才个体咨询和培训服务,如建立职业人才信息网络和一站式人才信息平台[21]。提高"一网通办"的实现深度,打破人才流动的各种"孤岛",创造人才流动的自由氛围。还要加强对企事业单位和地方层级的档案管理监督检查,减少弃档、死档、单位扣留档案和档案不规范等人事管理乱象。

8.4.2 发挥高等教育阶段的人才空间配置作用

高等教育与学历型人才流动有密切的关系,伴随着高等教育产生了人才流动的两个阶段:第一个是从原籍地到大学的"择校迁移"阶段;第二个是毕业后从大学到首份工作地点等的"择业迁移"阶段。在地方出台的现行人才政策中已然关注到毕业生这类基数庞大的区域人才资源,聚焦于择业迁移阶段来吸引优质毕业生人才。研究表明,毕业生在区域留存的意愿较为强烈[22],指示区域应以高等教育为抓手,借助就学地就业黏滞作用,为城市吸引、积累高质量人力资本。但研究也指出对于就业地的人才政策在当前毕业生流动配置中起到较为有限的作用的问题[23],还需要政府部门与高校、科研单位紧密配合,结合该类人群的特点继续细化政策设计。现行人才政策多从人才需求端入手,着眼于为人才落户、安居、就业提供便利,相对忽视了流动多阶段中的前向过程,即人才招收、培养、输送等环节[24],从而降低了人才吸引的效率。

关注到人才流动具有多阶段的特征,除了在末端施展人才政策外,还需要考虑将人才资源的配置向前扩展至人才招收、培育和输送的全过程。

(1)在招生宣传阶段,可以加强区域内高等院校与中学的合作对接,尝试进行跨省联合招生宣讲,通过有效形式的宣传活动提高生源区域多元化水平。

(2)在招生录取阶段,由教育主管部门牵头,灵活调整不同层级高校的招生政策,进行招生配额制度试点改革。高校招生部门注意动态监测各地区历年考生报名数量和志愿填报情况,进行分省招生份额的科学调配。"双一流"高校继续站在国家人才战略高度维护地区间入学机会公平。其他省属、地方高校可以在政府协调和主导下适当扩大一体化区域内部非本省的招生比例,尤其是上海、南京、合肥等高等教育受益城市承担起补偿高等教育弱势地区的公共责任,为入学机会低的周围省市预留一定比例的名额[25]。

(3) 在人才培养环节,需要打破条块化的高等教育管理制度障碍,使政府、企业和区域高校战略联盟的需求相衔接,进一步扩大高校合作联盟的参与高校范围,将培育优质人才作为联盟共同目标,运用联盟优质资源链接区域产业链、供应链与人才链[26]。推动高校进行全面合作互动,区域内校企协同创新,加强人才一体化的"共育机制",在培养过程中就实现学生的区域流动。

(4) 在人才输送环节,应当继续破除妨碍人才流动的体制机制弊端,鼓励毕业生自由选择流动去向的同时提高毕业生服务重点区域和基层公共部门发展的意识。为更好地衔接人才培养和毕业生择业,可由区域协调机构出面搭建合作平台,完善区域高校毕业生就业、参保等信息的共享机制,对创新人才结构数量的需求进行科学研判,制定相对统一的就业创业政策,注重对区域重点发展战略需求的回应。将本区域高等教育专业结构与就业供给相结合,实行联合规划、委托培养、定向引才,加强校地合作、校际合作、校企合作,缩短教育到工作的过渡,增强就业转换的可能性,提升高等教育回报的本区域转化率。

8.4.3 拓宽人才政策及配套公共服务的受惠群体

从高学历人才和毕业生的吸引情况来看,长三角区域的低等级城市在人才择业中的竞争优势相对不足,为避免无谓、盲目的争夺,需要做到人才政策尽量开放包容,逐步破解人才政策和人口政策的二元性,弹性界定和判断人口和人才的关系,避免制度设计导致的排他性。密切关注人口老龄化及产业结构调整所带来的地方人才需求变化,为有成长潜力的一般行业和新经济业态留有发展空间。对于中小城市,人才政策引进的目标可能不应对准高端科技人才和应届毕业生,技能型人才、非应届毕业生等都可以纳入遴选范围。

从个体生命历程的视角来看,不少毕业生、高学历人才和技能型人才可能会选择先在大城市打拼积累人力资本,而后再考虑回到低等级城市乃至县城定居[27],低等级城市可以考虑主动承接这部分回流型人才。

(1) 对于在中小城市环境或县城、农村地区长大的潜在人才,吸引其返回流动在很大程度上需要依靠动员情感方面的联系,可以利用地方协会、发展论坛、人才同盟打开其参与家乡建设的渠道,培养进而维系其对地方发展的社区依附感、地方依恋感、主人翁感和责任感,为回流人才重新在家乡扎根创造条件和前景。

（2）对于非本地长大的再次流动人才,要给予更多的保护和包容,还需要充分考虑其医疗、教育与住房等需求。加强长三角区域公共服务的协同发展和管理,让公共资源跟随人的流动进行动态配置。为此,需要提高区域公共管理水平,建立完善的居住证制度,弱化户口与土地权利、公共服务安排的"捆绑",规范政府间的财政转移机制,由地方政府协调解决基本公共服务的跨地区供给。在部分城市适度降低本地缴纳社保或个税的要求,允许以个人身份缴纳。深化市场化配置改革,放开养老、托幼、家政等非基本公共服务的社会供给。灵活响应人才流动所带来的多元化公共服务需求。逐步改善区域内中小城市的生活品质,激活大城市的人口服务弹性,提高外来人才在区域内工作、定居的自身能动性。

（3）此外,也要对外来人才的心理融入给予充分关注,鼓励其参与区域公共事务和文化交流活动,做到文化差异与融合并举,塑造开放公平的社会文化氛围[28],减轻外来人才流动的后顾之忧。

（执笔人：崔璨、于程媛、陈南希）

第8章参考文献

［1］王宁. 地方分层、人才流动与城市人才吸引力："地理流动与社会流动"理论探究之二[J]. 同济大学学报(社会科学版),2014,25(6):47-55,109.

［2］黄永春,邹晨,叶子. 长三角人才集聚的非均衡格局与一体化协同发展机制[J]. 江海学刊,2021(2):240-248,255.

［3］胡璇. 全球研发人才的时空分布与流动网络:基于领英个人履历的分析[D]. 上海:华东师范大学,2019.

［4］赵毅博. 中国高校扩招对城乡青年人口迁移的影响[J]. 人口学刊,2019,41(4):94-103.

［5］姜炎鹏,王鑫静,马仁锋. 创新人才集聚的理论探索:全球人才流动的城市选择视角[J]. 地理科学,2021,41(10):1802-1811.

［6］张筱婕. 长三角一体化背景下芜湖市人才流动影响因素研究[D]. 芜湖:安徽工程大学,2021.

［7］倪静芬. 长三角跨区域人才流动的信息统计分析[J]. 电子技术,2021,50(4):49-51.

［8］张力,吴开亚. 城市自由落户的地方公共财政压力分析[J]. 中国人口科学,2013(6):17-26,126.

［9］胡剑双,孙经纬. 国家—区域尺度重组视角下的长三角区域治理新框架探析[J]. 城市规划学刊,2020(5):55-61.

[10] HU B B, LIU Y Y, ZHANG X X, et al. Understanding regional talent attraction and its influencing factors in China: from the perspective of spatiotemporal pattern

evolution[J]. PLoS one,2020,15(6):e0234856.
[11] 浙江省委党校课题组,姚连营. 杭州城市人才吸引力及其提升策略:基于杭州987名高学历青年人才的问卷调查[J]. 浙江经济,2018(16):52-53.
[12] 陈文权,李星. 我国地方政府"人才争夺大战"现象理论探讨:基于人力资源管理视角[J]. 天津行政学院学报,2018,20(5):3-10,2.
[13] 王京生. 世界四大湾区要素流动指数研究:基于纽约、旧金山、圣何塞、东京、香港和深圳的比较分析[J]. 深圳社会科学,2020(6):5-20.
[14] 姜怀宇,徐效坡,李铁立. 1990年代以来中国人才分布的空间变动分析[J]. 经济地理,2005,25(5):702-706.
[15] 刘玉雅,李红艳. 京沪粤苏浙地区人才政策比较[J]. 中国管理科学,2016,24(S1):733-739.
[16] 白云朴,李果. 长三角区域一体化进程中科技人才政策趋同与竞争[J]. 中国人力资源开发,2022,39(6):81-93.
[17] 李永乐,田雄. 城市政府"引才大战"的政策逻辑与现实反思[J]. 中州学刊,2019(4):62-69.
[18] 丁文珺. 社会流动新趋势与区域人才战略[J]. 决策与信息,2022(4):89-96.
[19] 黄群慧,贺俊,杨超. 人才争夺劣势状态下二线城市人才政策调整研究[J]. 产业经济评论,2019(1):5-16.
[20] 胡航军,张京祥. 创新型反向飞地:飞地经济模式的跨梯度创新发展[J]. 城市规划,2022,46(9):30-39.
[21] 柯江林,孙仁斌. 驱动经济高质量发展的人才流动双循环系统研究[J]. 新视野,2021(6):27-35.
[22] HUANG M,XING C B,CUI X Y. Does college location affect the location choice of new college graduates in China[J]. China & world economy,2022,30(3):135-160.
[23] 王一凡,崔璨,王强,等. "人才争夺战"背景下人才流动的空间特征及影响因素:以中国"一流大学"毕业生为例[J]. 地理研究,2021,40(3):743-761.
[24] 姚先国,冯履冰,周明海. 中国劳动力迁移决定因素研究综述[J]. 中国人口科学,2021(1):117-125,128.
[25] 曹妍,张瑞娟,徐国兴. 补偿还是选拔?"高校专项计划"政策落实的效果分析[J]. 江苏高教,2019(5):84-90.
[26] 谢康,张廷龙. 从长三角地区实践看我国区域性高校战略联盟的发展与嬗变[J]. 黑龙江高教研究,2023,41(2):83-91.
[27] 刘涛,卓云霞,王洁晶. 邻近性对人口再流动目的地选择的影响[J]. 地理学报,2020,75(12):2716-2729.
[28] 刘兵,朱叶珊,梁林. 区域人才生态位竞合关系的演化博弈分析[J]. 科技管理研究,2020,40(3):70-77.

第 8 章图表来源

图 8-1、图 8-2 源自：笔者根据第七次全国人口普查数据绘制.

图 8-3 源自：笔者根据 2021 年城市兴趣点（Point of Interest，POI）数据绘制［底图源自标准地图服务系统网站，审图号为 GS(2020)3189 号］.

图 8-4 源自：笔者根据《2019 届毕业生就业质量报告》数据绘制［底图源自标准地图服务系统网站，审图号为 GS(2020)3189 号］.

图 8-5、图 8-6 源自：笔者根据长三角各城市政府官方网站政策资料绘制.

表 8-1 源自：笔者根据《2021 年全球人才竞争力指数》报告数据绘制.

表 8-2 至表 8-4 源自：笔者根据《2019 届毕业生就业质量报告》数据绘制.

表 8-5、表 8-6 源自：笔者根据长三角各城市政府官方网站政策资料绘制.

本书作者

孙斌栋，河北阜平人。柏林工业大学博士，华东师范大学人文地理学与区域经济学教授，博士生导师，民政部政策理论研究基地——中国行政区划研究中心主任，华东师范大学城市空间定量研究数据平台——未来城市实验室主任，中国地理学会城市地理专业委员会主任委员、长江分会副主任委员，中国区域科学协会常务理事，中国行政区划与区域发展促进会常务理事。主要从事城市地理、区域经济、行政区划及空间治理研究。发表论文300余篇，出版专著(含主编)10部。主持国家社会科学基金重大项目2项，以及国家自然科学基金项目、教育部人文社会科学重点研究基地重大项目多项。研究成果获第八届高等学校科学研究优秀成果奖二等奖、上海市决策咨询研究成果奖一等奖、上海市哲学社会科学优秀成果奖二等奖、钱学森城市学金奖等荣誉。

张婷麟，浙江舟山人。华东师范大学区域经济学博士，华东师范大学地理科学学院副教授，硕士生导师，中国行政区划研究中心成员。主要研究方向为城市空间治理、城市空间结构演化与绩效等。在《地理学报》以及《城市研究》(*Urban Studies*)、《区域研究》(*Regional Studies*)、《城市》(*Cities*)等国内外期刊上发表论文30余篇，出版专著1部，参编专著4部。主持国家自然科学基金项目、教育部人文社会科学研究青年基金项目等科研课题10余项。入选上海市浦江人才计划。

张维阳，山东济宁人。比利时根特大学博士，华东师范大学地理科学学院副教授，硕士生导师，上海市晨光学者。主要从事城市网络与多中心发展研究。目前主持国家自然科学基金项目、国家社会科学基金重大项目子课题等科研项目10余项。在《城市研究》(*Urban Studies*)、《区域研究》(*Regional Studies*)、《环境与规划A》(*Environment and Planning A*)、《计算机环境与城市系统》(*Computers Environment and Urban Systems*)、《地理学报》等国内外期刊上发表论文近50篇，其中以第一作者/通讯作者在社会科学引文索引(SSCI)Q1区旗舰期刊上发表论文10余篇，出版中英文专著2部，参编著作5部。